ちくま新書

# 禅的生活

玄侑宗久
Genyu Sokyu



445

禅的生活【目次】

# はじめに

生きにくい世の中だと、多くの人が言う。

五年まえから三万人を超し、やや減少傾向にあった自殺者も、今年また微増に転じた。

なぜ自殺するのか、それは簡単には言えないだろう。

私に言えるのは、今の私が、なぜ生きるのが楽なのか、ということだけだ。もしかするとそれは年齢のせいかもしれないが、私としては「禅」のお陰だと思っている。

もっと早く「禅」を体験していれば、と思ったこともある。青春時代には二度と戻りたくないが、もしもあの頃、禅を深く体験していたら……。ときどきそう思ったものだ。

しかしそうだったとしたら、私はきっと小説など書きはしなかっただろう。そして今も、あらためて禅のことを書こうと思うほどには、思い入れも深まらなかったかもしれない。

そうなのだ。今あらためて考えると、自分の過去のすべてが、この本を書くためにあったと思える。

そしてそんなふうに思えることこそ、これまた「禅」のお陰なのだ。

なんだかいきなり堂々巡りになりそうだ。

正直に申しあげると、この「はじめに」は本文を書き終えてから書いている。そして思うのは、この本を書いていたら暗い青春時代の辛さや苦しさの構造が見えてきて、なんだか書きながら治療するような気分になっていたということだ。

むろん誰にでも効く治療法などないだろう。

しかし少しは、禅僧が元気な理由も解っていただけるように書けた気がする。

少しでも、一人でも多くの人に楽で元気になってほしいのである。


ところで禅僧というのは、楽で元気なばかりじゃなく、かなり困った人々でもある。この本で私は、「禅語」と呼ばれる言葉を紹介しながら「禅的生活」のアウトラインを描いたつもりだが、そこに登場する言葉の出典はむちゃくちゃ多様なのである。禅僧はむろん自ら詩を作ったり文章を書いたりもするのだが、そのほかに古今の文献や詩人の詩などから非常に恣意的に引用することがあり、それも「禅語」と呼ばれている。いわば盗用がじつにうまいのだ。しかも盗用したもののほうが原典の意味よりも有名になったりすることもあるから、禅僧というのは学問的にはとても困った人々なのかもしれない。

かく言う私も禅僧のハシクレだから、学問ではない方向に走りがちだと思う。しかもハシクレ程度の禅僧だから、ときにはあらぬ方向に走ることもあるのではないだろうか。拙僧の話は無節操になるやもしれぬことを、まずお断りしておきたい。

どだい大事なのは学問なのではない、と開き直っている感もあるが、では何が大事なのかはこれからじっくり感じとっていただくしかない。さまざまな禅語を通じて禅の世界観を味わい、日常生活に具体的な変化を生みだしていただくのが本書の狙いである。

迷いや辛さがすこしでも減り、楽になっていただけたら嬉しい。

二〇〇三年夏、お盆まえ
著者誌す

# 一、なぜ「迷い」が生じるのか

## 決めつけてはいけない

# 無可無不可

『論語』

可もなく不可もなし

### †自分をみくびらない

日本語で「可もなく不可もなし」といえば、たいていは特に優れているわけではないけれど特別ひどいわけでもない、もっと簡単に言うと「まあまあである」、というような意味で使われる。

しかしこれが禅で使われる場合はまったく違う意味なので注意してほしい。

これはもともと孔子の『論語』にある表現である。『論語』といえばむろん禅とはまったく違う人生観を提示する体系だが、禅はこのように、佳《よ》いと思った言葉はどこのものでも使ってしまう貪欲さに溢れている。いきなり無節操の例をだしたようで恐縮だが、皆さんも思想や宗教の枠組みに囚《とら》われない自由さでこの本を読み進めてほしいということだ。

禅とはむろん特定の仏教宗派（日本では臨済宗《りんざい》、曹洞宗《そうとう》、黄檗宗《おうばく》）のことでもあるが、もともとはディアーナ（禅那＝三昧）の省略形だから、さまざまな場面であり得る一種の精神状態のことだと考えていいだろう。そうした観点でこの本の「禅的」という言葉は受けとめてほしい。

可もなく不可もなし、とは孔子自身が自らのことを言ったもので、「微子篇」にでてくる。つまり自分は、為すべきことや為してはならないこと、あるいはこれはオッケーでこれは駄目、というふうには決めつけていない、と主張しているわけだ。臨機応変、とも受けとれるし、より禅的にいえば、自分をみくびらないということかもしれない。

通常我々が「自分」と思い込んでいるのは理性で把握できる自己、言い換えれば考えたり疑ったりするデカルト的自己だろう。しかしさまざまな縁によって発現する自分の可能性というのは、本当は無限だし、理性がすべて把握しているわけではない。だから「可もなく不可もなし」という主張は、理性を最大限に重視する欧米の思考に、ある意味で真っ向から対立する言葉なのである。

もちろん対立は理性の特徴だから、禅は本当の意味で対立するわけではない。発想が逆だと申しあげているのである。つまり理性的思考をはるかに超えて、自己の内部は無限の可能性を秘めて渾沌としていると認め、そこから禅は発想を始めるのだ。

## †渾沌を意識でコントロールする

たとえば普通は、疲れたからアクビが出たと考える。そして早く寝ようなどと思うわけだが、禅的には少し違った考え方をする。アクビによって脳内の酸素が著しく補われ、リラックスして身心ともに気持ちよくなったりするわけだから、アクビを意識的にしてみたらどうか、なんて思っちゃうのである。

つまり渾沌に意識という釣り糸を垂らし、そこから魚を釣り上げるように体や心をコントロールしようということだ。

実際それは可能なことだ。もうすでに意識的アクビをしている方はいるかもしれないが、一応そのテクニックも示しておきたい。アクビをする直前には軽く一息吐くのが常だから、まずそうしてから口を開き、意識を喉の奥、というより両耳を結んだ中心点あたりに置くのである。それだけでしばらくすると後頭部が締まりだし、口がさらに開いて見事なアクビ一丁あがりとなるわけだが、ここで実際にやってみていただきたい。

出ただろうか。意識の置き所を間違えなければ必ずや出るはずである。そしてあなたは涙ぐみ、鼻水さえ垂らしているかもしれない。

これは何回やっても出るし、アクビをすればするほど頭は軽くなり、体もリラックスしてくる。

ここで私が申しあげたいのは、単にアクビの仕方なのではない。つまり睡《ねむ》たいと思う「心」も、眠ろうとする「体」も、渾沌とした現象のようではあるが、じつは「意識」によってけっこう誘導できるということなのである。

### †自分のなかの無限の可能性

体も心もある程度コントロールできる、となれば、可もなく不可もなし、という心構えも解っていただけるはずだ。できるかできないかを、やってみるまえに判断するのは自分の可能性をみくびることだ。為すべきか為してならぬか、については別な処で考えてみたいが、ともかくここでは孔子と同じように、自分のことは「可もなく不可もなし」と思っていただきたい。自分はどのようになる可能性も秘めているのだ、と。けっして謙遜ではなく、誇らしくそう思うのである。

ところでさっきからアクビをし続けているあなた。アクビをしすぎると、顔がふくれて体がだるくなり、少し熱っぽいときのような感じになってくるが、これは老廃物が一気に腎臓に押し寄せるために起こる一時的な症状で、まったく心配はいらないし、しばらくすればスッキリするはずである。しかし注意していただきたいのは、アクビをしすぎると、顔に締まりがなくなることだ。

せっかく「禅的生活」を読み始めても、顔がアクビのあとのライオンのようになっては禅的とは云えない。なにも睡いのを我慢することを勧めているわけではないのだから、アクビを噛み殺したりしてないで明日あらためて読んでは如何だろうか？　何時より前に眠ることは「不可」なんて、禅的じゃないって言ったでしょ。

# 一切唯心造《いっさいゆいしんぞう》

一切はただ心が造るもの

新訳『華厳経《けごんきょう》』

好き嫌いという関所

## 心を「意識化」する

前節で「体」と「心」と「意識」というふうに分けて申しあげたが、最も悩ましいのが「心」だと云えるだろう。「心」と「意識」の区別は難しいかもしれないが、どうしようもないのが「心」で、どうにかできるのが「意識」と考えることは可能だろう。そして「心」にアプローチするための手がかりが「意識」なのである。

主に梵語の「チッタ」が「心」と訳され、「マナス」が「意」と訳された。語根の「チット」も「マン」も共に「考える」というような意味だが、一応言葉が違うわけだから違うものという認識は必要である。人間の苦悩が成立する因果関係を表した「十二因縁」では、「識」というのは胎としての発生によって宿る人間の第一念とされる。現代的には遺伝子と考えてもいいのかもしれない。「意」と「識」が合わさって「意識」だから、必ずしも意識のすべてがコントロールできるものではないと考える立場はある。しかし唯識仏教で最も深層の意識とされる「アーラヤ識」も、その上層にある「マナ識」も、ヨーガによって意識化し、コントロールが可能だとされる。その方法論を、坐禅によって推し進めたのが禅なのである。

つまり意識は、無意識をもその射程に入れておくことができるはずなのである。

ところで意識化すればなぜコントロールできるのか。

それは会社や学校などで悪さをする人を考えてみれば解るだろう。「つらいんだろうね」「苦しいんだろうね」と何人かがその人の呻吟する心を意識してあげるだけで、場合によっては信じられないくらいおとなしくなってしまうことがある。それと同じである。意識されていなかった心も、意識化されるだけでおとなしくなる。それは現代の心理学でも通用する人間心理の法則である。

**†心に心を許さない**

普通に「心」という場合、やはり喜怒哀楽という感情を指すことが多い。これらを私は一次感情と呼ぶが、じつは人間にはもっと複雑な感情がある。つまり意識的・無意識的とを問わず、人間は感情の残り香を記憶として蓄積していく動物だから、もっと複雑に練り上げられた感情をもつこともできるのである。たとえば憎しみ、たとえば怨み。ある意味では佳い感情の蓄積が愛情を生みだすのかもしれない。これらは二次感情と呼ぶのが相応《ふさわ》しいだろう。恋というのは愛よりももっと一次感情的・フェロモン的ではないだろうか。

あるいは食べたい眠りたい異性と接したいという三大欲求も「心」の作用と云われる。

それらを「心」なんだから仕方ないじゃないか、と認めてしまうのではなく、しょせん「心」が捏造したに過ぎないじゃないか、とバカにする。ことに二次感情をバカにするのが禅の基本的立場なのである。

標題の「一切唯心造《いっさいゆいしんぞう》」は『開甘露門《かいかんろもん》』というお経の冒頭にちかい一節だが、もともとは『華厳経《けごんきょう》』からの引用である。そこでは世界の在り方を観ようと思うなら、まず世界が心で造られたものだと見極めよ、と説かれる。

最明寺入道時頼は詠う。

心こそ心迷わす心なれ　心に心　心許すな

また詠み人知らずだが次のような歌もある。

心ぞとなに名をつけて思うらむ　一物《いちもつ》もなき元の面目

いかに心など信用していないか、バカにしているかが解るだろう。言い換えれば、本来一物もないのが「心」と考えられており、そうじゃないなんらかの感情に染まった状態の「心」は、あまり相手にしないほうがいいということだ。

この考え方は、現象学の創始者であるフッサールの発想にも通じる。彼は意識のありようで世界が違って見えることに注目した。たとえば一軒の家を見ても、普通の人は「家庭」と見るかもしれないが大工さんが見れば窓とか壁の集合体に見え、泥棒が見れば人がいる気配ばかりが気になる。フッサールもそんなふうに、世界はそれぞれの意識に現れる姿を考えるしかないから、外界についての考察は判断中止（エポケー）して、なんの先入観もない純粋な意識に現れた世界を厳密に記述することで我々の生を解き明かそうとしたのである。

江戸時代の盤珪禅師《ばんけいぜんじ》は庶民への布教に尽瘁《じんすい》した方だが、よくおっしゃったのは「嫁・姑」の不仲のことだ。嫁がなにをした。姑がなにをした。今なにかをしたから憎いんじゃなくて、これまでの記憶が憎いんじゃろ。あんたがあんたのなかの記憶を憎んでいるだけじゃないか、と繰り返しおっしゃったのである。

今の我々の心を構成するのは、そうした記憶をもとにした価値判断や歴史認識ということになるが、詳しくはあとで触れよう。

**†身も心も**

本来の一物もない心は、よく鏡に喩《たと》えられる。鏡の前に現れた物が鏡に映るのは当然だから、喜怒哀楽は自然な感情だと云えるだろう。しかし人間は鏡の前から物が消えても、その姿が好ましければ永く残像を映しておきたいと思い、また憎けりゃ憎いでいなくなってからも記憶を反芻してまで嫌がる。だから鏡が曇ってしまい、ありのままには映らないというのである。

禅が目指すのは「**明鏡止水**《めいきょうしすい》」の澄んだ鏡面のような「心」である。『大乗起信論《だいじょうきしんろん》』という本では「自性清浄心《じしょうしょうじょうしん》」と呼ばれるが、禅は本来の「心」が清らかであることを信じている。「**仏心**」とか「**仏性**《ぶっしょう》」「**法性**《ほっしょう》」とも云われる。また「**本来の面目**」「**本地の風光**」「**真如**」「**主人公**」「**無位の真人**《しんにん》」なども同様の意味を表現しており、単に「**無心**」とも云う。いずれもさまざまな理由で曇っていた本来の自由で清らかな心が剝きだしになった状態の呼び名である。

本来の心を覆っていた残像やさまざまな思いの束縛が抜け落ちることを、道元禅師は師匠の天童如浄《にょじょう》から「**身心脱落**《しんじんだつらく》」と表現され、その言葉をきっかけに悟ったと伝えられる。心だけでなく、体にも我々を束縛する残像は潜んでおり、それを坐禅瞑想によって意識化しておとなしくさせ、澄んだ鏡面のような心に到達しようというのが禅なのである。

釈尊はその末期に、「自らを拠り所とせよ。それ以外を拠り所としてはならない」とおっしゃったが、むろんそこでいう「自己」とは、「身心脱落」した自己であり、「自性清浄心」や「本来の面目」に到達した自己に違いない。そうした曇りの晴れた身心を道元禅師は「**脱落身心**」と反転させておっしゃった。曇りが晴れても体はあるし心もある。しょせん我々は、この身と心を使って生きていくしかないのだから、その身心に質的な大転換を迫るのが禅だといえるだろう。

だから一貫して心をバカにするというより、さまざまな記憶の残像によって汚れた心をバカにしつつ、仏性などと呼ばれる清らかな心に辿り着こうとするのである。つまり質的に転換を遂げた身心は、禅だって重視するということだ。

西田幾多郎は全集第八巻の「行為的直観の立場」において、「自己がなくなることで同時にそこから自己が生まれることである」とそのことを表現するが、もっと禅的にいえば「**大死一番絶後に再び甦る**」というような言い方になる。「**寂滅現前**」「**大死大活**」なども同様の意味である。ちなみに禅の先祖ともいえる中国の『荘子《そうじ》』では、「吾、我を喪《うしな》う」と表現される。いずれも捏造された曇った自己（我）が死滅し、そこに本来的な自己（吾）がいきいきと輝く状況だろう。ここにおいて初めて、自己と心とは一体化するということなのである。

転換とはむろん曇りを取り去ることだが、この曇りのことを禅では「**妄想**《もうぞう》」と呼ぶ。まえにも触れたように、それは価値判断であったり歴史認識だったりするわけだが、いずれも記憶やもっと深いものをもとにでっちあげられたものと考える。だから禅は繰り返し「妄想する莫《なか》れ（**莫妄想**《まくもうぞう》）」と言うのだが、直接的に呼びかけて叶えば苦労はない。それがなかなか大変なのである。

## †三つの脳

妄想を払う具体的方法についてはあとにゆずるとして、ここでは妄想を生みだす心、いや脳の様子を覗いておこう。むろん脳については素人だから、割り引いて読んでいただきたい。

脳からのアプローチを考えてしまうのは、やはり犬や猫などが我々よりもこの妄想から自由であると見えるからかもしれない。むろん直接聞いたわけじゃないから定かではないが、彼らは虐《いじ》められたりした記憶はもっている。だから虐めた人がまた現れたりすると吠えるわけだが、目の前にその人がいないときに憶《おも》いだして恨んだりすることはないのではないだろうか。

ときどき夢に驚いたように寝ながらビクンとする犬もいるが、猫などは寝ていても幸せそうな顔で伸びをしたりする。全く羨ましいほどの「心」のありようではないだろうか。

昔「風大左衛門」はニャンコ先生から柔道の極意を学んだが、私の寺にも以前タマという黒トラ猫とナムという柴系の雑種犬がいて、多くを学んだ気がする。これから本書にも、ときどき登場してもらうつもりなので宜しくお願いしたい。

心と脳の関係は複雑怪奇ではあるが、アメリカの大脳生理学者ポール・マクリーンはその複雑な脳機能を三つに分類して示した。いちばん深いところで我々の生存そのものを支え、「感覚」や「身体」を司るのが爬虫類型の脳。これは最近では「フェアリー・ブレイン（反射脳）」（妖精型の脳）と呼ばれることが多い。また「感情」を司るのがいわゆる「動物脳」と呼ばれる旧哺乳類型の「アニマル・ブレイン（情動脳）」。そして三つめが大脳皮質と呼ばれる新哺乳類型の脳、つまり「ヒューマン・ブレイン（理性脳）」である。大脳皮質はさらに右脳と左脳に区別され、それぞれ別な機能を担っている。

我々の脳機能は、これらはたらきの違う三つの脳が連携総合した機能であるわけだが、極めて大雑把に外からの刺激の流れを見ると、五官から入った情報はまずフェアリー・ブレインで「感覚」となり、次にアニマル・ブレインで「感情」に変換される。そこからは右脳によってイメージ化され感性によって捉えられたのち、最後に左脳によって「思考」され「言語化」されたりすることになる。

しかもこれら四つの機能は単独ではたらくのではなく、いつも連携している。たとえば左脳でなにかを考え、言語化すれば、そこにはなんらかのイメージや感性のはたらきも右脳によって引き起こされ、同時に動物脳はそれに伴う気分や感情を生みだそうとする。

ということは、どれか一つにはたらきかけると、全てが変化するということでもある。

### †禅的な脳機能

禅というのは、むろんそうした理論で成立したものではないが、どうも私には、この脳の連携を巧みに利用した生活の技術であるような気がする。

概して禅では、左脳の言語・思考機能が最もバカにされる。いわゆる「理屈」とか「価値判断」を最大の妄想とするのである。しかしその言語認識で世界は変わるとも考えるわけだから、あながちとことんバカにしているわけでもあるまい。いや、言語で感情や体調までコントロールすることも禅の重要な考え方だから、右脳や動物脳などの重要さを左脳に認識させようとしているのかもしれない。

右脳で起こった感情が左脳に移って思考されることを禅は最も懼《おそ》れる。それこそが心の鏡を曇らせることだと考えているフシがある。あれこれ坩堝《るつぼ》に入れて考えるから、犬猫にはないとんでもない二次感情が生まれるというのだろう。

では動物脳の喜怒哀楽はどうかというと、これはまあ認められている気がする。そのままではさほど悪さをするものではないし、よく「ケダモノのようだ」などと非難されるが、ケダモノの食欲・睡眠欲・性欲などは人間ほどキリがなく時を嫌わないものじゃない。それはケダモノに失礼というものだろう。

だから「一切を造」ってしまう心とは、ヒューマン・ブレインと考えて差し支えないのではないだろうか。

皮肉な話だが、しかしこうした思考ができ、禅的生活をイメージしたりするのも全てはヒューマン・ブレインのお陰である。禅は、ヒューマン・ブレインを駆使しながらヒューマン・ブレイン以前の世界を目指す。意識に、無意識をも意識させるということだ。

そしてアニマル・ブレインを基本的には肯定しながら、その司る感情のなかで「好き嫌い」については問題視する。「好き嫌い」によって世界はまったく表情を変えるからだが、それを言ったのが「**至《し》道《どう》無《ぶ》難《なん》　唯《ゆい》嫌《けん》揀《けん》択《じゃく》**」という言葉だろう。至道つまり究極の真理は、べつに難しいことではない、というのだが、ここで重要な条件が提示される。その条件とは「ただし好き嫌い、選り好みをしなければ」ということだ。

### †好き嫌いを超える

禅とは全き精神の自由を求める宗教である。その際に、好き嫌いの感情が最も大きな障害だというのである。好きなようにするのが自由だと思うかもしれないが、好きとか嫌いという感情で正確な判断ができないことこそ不自由だと禅は考える。そしてこの好き嫌いの制御がなかなかに難しいから、世界はそんな心が造っているという認識で標題の言葉が生まれるのである。「一切唯心造」。それは心がどんなふうに変化しても変わらない真実だと思える。

好き嫌いのほかに、我々の心を曇らせるのは価値判断と歴史認識という先入観であるが、そのことについては後述する。ともあれさまざまな先入観も含めた好き嫌いが世界を染め上げ、我々はそうした心で染め上げた世界しか見ることも感じることもできない。それが「一切唯心造」というシビアーな言葉なのである。「**心外無法**《しんげむほう》」また「**心外無別法**《しんげむべっぽう》」というのも同様の意味だ。

よく「ありのまま」なんて言葉を聞くけれど、転換前の我々の心はまったく勝手なもので、興味がなければ姿さえ目にとまらないこともある。逆に興味津々だとその部分だけ明瞭に見えたり感じたりする。モンシロチョウの雄と雌は人間には同じように見えるが、お互いどうしではまったく違った色に見えると聞いたことがある。またナムは雌犬に出逢うと血相を変えたものだが、そんなときの彼の世界に、いったい綱を引く私は存在していたのだろうか？

もうちょっとまともな例にしよう。たとえば理知的で物静かな女性が前方から歩いてきたとしよう。「理知的で物静か」という判断はいかにも客観的な感じがするかもしれないが、そうした左脳の分析と同時に、我々の脳はもっと奥のほうである種の感情を作る。人によっては「ああ素敵だなあ、今日は佳い日だ」と感じるだけかもしれないが、別な人は「素敵だからなんとかおつきあいしたい」と思うかもしれない。その場合、大袈裟にいえばその後の世界の在り方は二人にはまったく違ってくるはずである。一人は佳い気分で擦れ違うのに、もう一人はアトをつけたりする。

最初の意識とほぼ同時に芽生えるこの感情が必然的に招く世界を、人は「運命」と呼んだりするのである。

この感情の根っこが大転換されれば世界も大転換を果たすことになる。

それなら大転換の方法を、と気は焦るかもしれないが、ちょっと待っていただきたい。この章のテーマは、「迷い」がなぜ生じるのかということだ。禅では妄想が我々の心を悩ますと考えるから、ここで急ぐべきなのは妄想の正体を見極めることだろう。

今までの話でお解りだと思うが、妄想は左脳ばかりじゃなく右脳も協同で作っているようだ。さっきはナムやタマをずいぶん持ち上げてしまったけれど、動物脳までしかないナムやタマがそのままで悟っているわけじゃないことは申し添えておきたい。

# 六不収《りっぷしゅう》

『碧巌録《へきがんろく》』

## 感覚では捉えきれない世界

### †感覚によって違う社会性

禅に限らず、仏教では自己が対象とする全てを「境」と表現する。むろん認識の対象には自己そのものも含まれる。そして人間の感覚に関わってくる六つの対象を「六境」といい、それぞれ色《しき》、声《しょう》、香《こう》、味《み》、触《そく》、法《ほう》という。『般若心経』などをよんだことがおありだと「ああ、なるほど」と思われるかもしれない。当然のことながら、ここで「色」というのはカラーでもセックスでもなく、眼に見える物質や現象のことである。六境を捉える感覚器が「眼、耳、鼻、舌、身、意」。ああ、とまた『般若心経』を憶《おも》いだすかもしれない。「ゲンニービーゼッシンニ」と唱えられるのがそれである。

ちなみに仏教では、この順番で社会性が強いと認識している。つまり眼で見る姿、耳で聞く音、鼻で嗅ぐ香りの順番で一般化しやすいということだ。鼻で嗅ぐ香りの個人差よりも耳で聞く音のほうがまだ大勢に共通しているし、眼で見るものは最も個人差がでにくく世間に通用しやすい。その証拠に、というと変だが、明るさとか大きさの単位、あるいは音の大きさを示す単位も各国にあるが、匂いの単位はまだできていない。また香りに比べても、身という皮膚感覚などはもっとアテにならない。ある人が熱いという風呂がぬるいことは往々にしてあるし、だいいち痛さや気持ちよさなど比較しようもない。

なんとか痛さを測る基準ができないものか、と思いつめた人がいて、どこの国の男女にとっても鼻毛を一本抜いた痛さはさほど違わないんじゃないか、と考えた。そして痛さの単位として「ハナゲ」というのを提案したのである。

「いやあ、扁桃腺が腫れちゃって喉が痛いんだ」と言えばすかさず「どのくらい痛いの?」と訊《き》かれ、迷った末に「十二ハナゲから十五ハナゲくらいかなあ」などと答えるわけである。すると「私もこないだ弁慶の泣き所をテーブルの角に打っちゃってさあ、もう三十ハナゲくらいは痛かったよ」なんて対抗したりするのだが、所詮これだって痛さの測定器でもできないかぎり恣意的である。どだい一ハナゲの何倍か、というのがもうアテズッポウに過ぎないではないか。それに、やはり世界で一番痛いのは自分なのである。

全国のお医者さんたちにアンケートをとり、どの病気がいちばん痛いと想いますかと訊いたらしいのだが、むろんこれだってお医者さん自身がすべての病気を経験しているわけじゃないから「見てて痛そうだった病気」ということなのだが、痛がりとそうでない人もいるからこれもどうなのか判らない。一応ここまで言ったら知りたい方もいるだろうから申しあげておくと、一位は末期の喉頭癌、二位はクモ膜下出血の発作、三位は尿路結石だそうである。アテにならないとはいっても、できれば避けたい病気である。

以上、余計な話が多かったが、ここまでが普通「五官」によって収集される「五感」とよばれる感覚の世界である。

仏教において特筆すべきなのは、そのあとの第六感もキチンと感覚と捉えられていることだろう。感覚器としての「意」が、「境」としての「法」を捉えるわけだが、これが最も社会性に欠け、一般化しにくいという。

## †第六感

タマの話で恐縮だが、タマは寝ているときでも人がその前に立つとすぐに目を開けた。べつにこれは、その人の体温や風の動きをタマの皮膚が感じるとか、あるいは鼻が匂いを感じるだけではなかったような気がする。というのは、スヤスヤ寝ていたくせに、悪戯心で手を振り上げたりするとすぐに眼を開くからである。

まさか「殺気」ほどではないにしても、なんらかの気配を感じてのことだと思えて仕方がない。この「気配を感じる能力」が、一般には第六感と呼ばれ、人間よりも動物に多く残っていると思われているのではないだろうか。

仏教で表される第六感は、しかし「意」が感じる「法」だという。「法」というのは「考えることのできるあらゆる対象」である。もちろん「法則」とか「真理」の意味合いで「法」が使われることもあるが、ここではその意味ではないので要注意。

考えるという言葉を文字通り受けとればそれはヒューマン・ブレインの機能ということになるから、そうなると動物のほうが第六感が優れていることと矛盾してしまう。つまりここでの「意」は、いわゆる第六感とは別物と考えたほうがいいだろう。五官や第六感で収集した情報・気配などをもとに、人間がなにかを意識すること、という程度に理解しておいていただきたい。

意識によって我々はなんらかの行動を起こすわけだが、動物の場合はその意識に邪魔されず、反射的に動いていると考えることも可能だろう。ちなみに反射を司るのはフェアリー・ブレインだといわれるが、たとえば「腹がへった」となれば、ライオンはほとんど反射的に獲物を獲ろうとするし、ナムもエサ入れを鼻でつついて吠えたりする。しかし人間の場合は、「諸般の事情を考えて」我慢したりもするし、どうしようかとさまざまな意識をめぐらすことになる。それが第六識なのである。

さっきは六境を感じる六官と申しあげたが、それによって我々の内部に生じる感覚は「六識」と云われる。それぞれ眼識・耳識・鼻識・舌識・身識・意識である。

**†感覚を超えた世界**

標題の「六不収《りつぷしゆう》」は、中国の雲門和尚に、ある僧が「法身とはどんなものか」と訊《たず》ねたときの答えである。ここで「法身」の「法」はダルマ・真理のことなのだが、つまり真理を体現した体とはどんなものかと訊かれ、雲門和尚は「六識には収まりきれないもんじゃ」と答えたというのである。

眼にも見えず、耳にも聞こえず、匂いもせず、味わうこともできず、触れられず、しかも意識さえできないというわけだが、これはむしろ、感覚器や意識を信用してはいけないということではないだろうか？

そうなると当然、言語表現もできない。

言語はどうしても総体から部分を分けようというふうにはたらく。たとえば「ナム」という呼び名だって彼の野性的な部分は埒外に置いているのだし、「私は寂しい」という表現だって「そうでもない自分」は除外することで成立する。それはつまり、どんなに精密な言い方でも言葉で表現してしまったら総体ではないということだろう。

「**不立文字**《ふりゅうもんじ》」「**教外別伝**《きょうげべつでん》」などはいずれもその辺の消息を述べたものである。つまり「悟り」という大転換を遂げた心はあまりにも全的であるがゆえに、言語という分断する道具では表せないということだ。

我が宗の宗祖臨済禅師の師匠である黄檗禅師は『伝心法要』のなかで「**霊覚性**《れいかくしょう》は言語を以て取るべからず」とおっしゃっているが、この「霊覚性」に当たる表現が六識に収まらない真実の心ということになるだろう。古来、それはさまざまに表現されてきた。

先に挙げた「**仏心**」「**仏性**」「**法性**」「**本来の面目**」「**本地の風光**」「**真如**」「**主人公**」「**無位の真人**」「**無心**」などのほかに、『維摩経《ゆいまきょう》』に云う「**直心**《じきしん》」も同じことだろう。

言葉で表現できないと言いながらこれほどの言語表現があることに呆れるかもしれない。昔もそう思った人がいたのだろう。達磨大師から数えて三番目にあたる三祖僧璨《そうさん》禅師はそうした妄想の雲の晴れた本来の心に「**一円相**《いちえんそう》」という定義を示した。これはまだ「円《まど》かなること太虚《たいこ》に同じ、欠くることなく、余すことなし」という言語表現だが、実際に「一円相」を描いたのは南陽慧忠《なんようえちゅう》禅師が嚆矢《こうし》とされる。よく禅僧が描く「○」である。

　ここで「法身」とかいろいろに表現されたものは、「真実の命」と考えてもいいかもしれない。命の本体が、感覚を超えて存在しているということだろう。『般若心経』で生まれもしないし滅することもない（**不生不滅**）と説かれるのもそのことだ。

　禅ではこの感覚を超えた法身と出逢うことを「悟り」と呼ぶ。これはなにも私が言っているのではなく、私の師匠である老師が著書に書いていらっしゃることだから、そのまま信じていただきたい。ただ私の師匠は、「悟りなぞ、そんなもの現実生活ではありゃせんわい」ともおっしゃる方だ。まあいずれにしても私が悟っていないことは確かだから、本書でご案内できるのも悟りの周辺まででであることはここでお断りしておく。

　坐禅で脚を痛めることもなく、本を読んだだけで悟ろうなんて虫のいいことは誰も思っちゃいないかもしれないが、万が一そんな野心のある方への老婆心まで、である。

　ともあれ我々は感覚器を通してさまざまな情報を入力し、瞬時にそれを価値判断したり好きとか嫌いと思う生き物である。そうした抜きがたい妄想を拭い去ったところ、いや、それらが生ずるまえのところに、目指す「六不収」の心があることは間違いない。ただ生ずるまえといっても、我々はすでに妄想だらけだから大転換という拭い去る事業が必要なのである。通常その事業は坐禅なのだが、ここではそれ無しに進もうというのだから先が思いやられる。

## †「全的いのち」との禅的出逢い

臨済禅師は、その著『臨済録』のなかで六不収の世界を次のように表現する。

赤肉団上《しゃくにくだんじょう》に一無位の真人あり、面門より出入《しゅつにゅう》す。未だ証拠せざる者は、看《み》よ、看よ。

赤肉団とは随分あけすけな言い方だが、むろん我々の体のこと。面門とは顔についている門だから眼・鼻・口・耳という穴である。まあ皮膚の毛穴も含めればつまり五官のことだ。禅師はそこから「**一無位《いちむい》の真人《しんにん》**」が出入りしてるだろ、とおっしゃる。はっきりその証拠を見てない者は、ほら看ろ、そら看ろ、とせっつくのである。

「無位」というのは、どんな立場でもない、という意味と思っていい。つまり、父親であったり男性であったり、もちろん親にとっての息子であったり、あるいはＰＴＡの役員であったりと、さまざまな立場として我々の命は発現し、それは微妙に違うわけだが、あらゆる立場や年齢などの社会的要素、つまり「位」を離れた自分と対面せよと、臨済禅師は迫るのである。

曹洞宗の道元禅師の言い方はもっと上品かもしれない。彼によれば「無位の真人」は**「仏の御命《おんいのち》」**という表現になる。自分が生きて動いていると思うがじつは全て「仏の御命」の活動だとおっしゃる。

いずれにしても感覚では捉えられないというのだが、それならどうやって看るというのだろう。それが問題だ。

先に申し上げた六識の奥に、仏教では自我という執着に染まった第七マナ識、それから個人を超えたすべての体験の残り香が保存されているという第八アーラヤ識を想定する。マナ識はちょうどフロイトのいった「潜在意識」にあたり、ユングはそれを「個人的無意識」と呼んだ。またアーラヤ識は、ユングが「集合的無意識」と呼んだものに相当するだろう。

どうやらこうしたものを手がかりに、感覚では捉えられないものに迫るしかなさそうだが、彼ら心理療法家のように夢を分析したりするのは禅的ではない。もっと体からアプローチするのが禅なのだと思う。

無意識からの声を身体症状から読みとろうとしたのがユング派の心理療法家にして物理学博士というアーノルド・ミンデルだが、彼に言わせれば頭痛や吐き気など、なにもしないのに感じる症状は潜在意識の声であり、なにもしなければ痛くも痒くもないが、指で押すと痛かったりするような部位からは集合的無意識の声が聞きとれるという。

彼はこれによって「全的自己」を昏睡状態でも発現させようとするのだが、禅というのも体に働きかけることによって「全的自己」を発現させる道ではないだろうか。

つまり感覚で捉えられるのは部分的自己、感覚では捉えられないのが「全的自己」であり、無位の真人であり、仏の御命というわけだ。前節で申しあげた「可もなく不可もなし」というのは、いわば部分的自己だけを見てあれこれ評価することが無意味だという主張でもある。

それにしても、自己がもし全的に発現したら、収拾はつかないかもしれないが、これほど自由なこともないだろうと思える。禅が最終的に目指すのは、なによりもこの「自由」なのである。

とりあえずここでは、全的な自己に出逢うためには六感だけでは無理であるが、禅は身体的アプローチでそれを実現する方法であると理解しておいていただきたい。

あれ？　タマやナムはずいぶん自由に見えるけれど、すでに全的自己を生きているんだろうか？

# 廓《かく》然《ねん》無《む》聖《しょう》

『碧巌録』

## 「悟り」の周辺の景色

### †ダルマさん

禅の初祖といわれるのは、ご存じの方もいらっしゃるかと思うがあの達磨大師である。正式にはボーディ・ダルマという名前だが、謎めいた伝説に彩られている。ペルシャ人ともインド人とも云われ、百五十歳まで生きたとされ、一説では最後は日本に来て亡くなったとされる。奈良の片岡山という処には達磨寺というお寺があり、そこには達磨さんのお墓まであるのである。

六世紀に中国にやってきて梁の武帝と会見したが、当時お経の翻訳や仏塔や寺の建立など一所懸命仏教普及に努め、「仏心天子」とまで呼ばれていた武帝とうまく折り合わず、北の嵩山《すうざん》へ行ってそこで禅を普及しはじめる。嵩山は本来道教の聖地だったが、そこに建立された少林寺から禅は広まりはじめるのである。

面壁《めんぺき》九年という説話はご存じの方も多いだろう。

日本では嵩山で九年も坐りっぱなしだったので手足が無くなってしまったというまことしやかな話から、ご存じのダルマが作られる。また何度も毒殺の危機に遭い、七回目で亡くなったと思いきや、お墓に靴を片方残したまま甦ったとされるため「七転び八起き」という諺まで生まれる。しかし達磨さんは少林寺拳法の開祖として祀られることからも判るように、手足がないというのは日本だけでの話である。もし本当に手足がなかったとすれば日本にだって来れないではないか。だから面壁九年というのも、数えきれないくらい多くの年月という意味であることに注意しなくてはならない。

江戸の八百八町も八百万《やおよろず》も決して具体的な数なのではなくて「数え切れないくらいいたくさん」という意味だが、同様に、中国ではそれを九で表すのである。ちなみにインドではそういう意味の聖数が七であるため、釈尊に関わる話には七が多用される。

それはともかく、達磨さんはだから非常に永いこと面壁して坐禅していたことは確かである。

面壁しているうちに禅の本質が練り上げられたといっても過言ではないだろう。だとすれば禅の本質とはなんなのか、その答えも面壁という行為にありそうである。

ちなみに学者さんのなかには「面壁」は「壁観」の間違いだとおっしゃる先生もいる。つまり壁に向かって坐るのではなく、壁のように閑《しず》かな無反応を体現して坐るのだとおっしゃるのだが、ここでは話を進める上で支障もないので、一応伝統的な「面壁」のほうで進めることをお許し願いたい。

私は悟っていないからその周辺までしかお連れできないと申しあげたが、「迷い」をはっきりさせるためにここでは達磨さんの悟りの周辺をうろついてみたい。

### †心は形を捜そうとする

雪舟が描いた「慧可断臂図《えかだんぴず》」という絵をご覧になったことがあるだろうか？　そこで慧可は達磨さんに弟子にしてほしくて何日も何日も頼みこむが達磨さんは面壁したままとりあってくれない。ついに覚悟を決めた慧可がその覚悟のほどを示すため、自分の左腕を切り落として右手に持ち、達磨に差しだすという図柄である。私が読んだ物語では、たしか岩穴の外では雪が降りしきっていたはずである。

私が言いたいのはその面壁の様子である。つまり洞窟の中のようなその場面で、岩の壁は達磨さんに被さるほどに間近に描かれている。実際あんな感じだったのかどうかは分からないが、あれが本当だとすれば、私にはそこに禅の秘密があるような気がして仕方がない。

たとえばあなたの間近にある壁などに眼の焦点を合わせ、それを見つめてみてほしい。そんなことは永く続けられるはずもなく、すぐに眼が疲れてぼんやりした眼差しになるはずである。

雪舟筆『慧可断臂図』(斎年寺蔵)

しかし疲れるまでの時間、あなたはさまざまなことを憶いだし、たとえば嫌な奴のことを憶いだしては壁にその顔らしいわずかな窪みや突起を見つけて相手の顔になぞらえ、あるいは暗い気分になれば小さな窪みをじっと見ていたりしたのではないだろうか。

そう。人間の感情は、なんらかの形を見つけて常に安定しようとしているのである。喜びも怒りも不安も、それなりに定着できる足場を五官を使って無意識に捜す。そしてこれが証拠だとでもいうように、居場所を見つけた感情はやっぱりレッキとしたものだと主張するようなのだ。

しかし五官のうちでも八割方のはたらきをするという眼があんなふうに面壁していると、それはすぐに眼そのものの疲労につながる。いきおい眼差しはぼんやりとして「見るともなく見ている」感じになってくる。半眼ではあるが眼を開いて坐禅するのはそのためだ。薄暗い場所で半眼を続けていると何かを凝視することにはすぐに疲れ、もっとぼんやりした眼差しになってくるのである。

じつはこの「見るともなく見ている」感じこそ、禅にとっては大切なのである。やや専門的に言えば意識を拡散させたまま集中している状態、と云えるだろう。

見るともなく見ているとき、人は全体を見ているのであり、そのときの意識はすでに普段の理性的なあなたではない。

理性的なあなたは左脳の支配下にあり、そこでは全体を分断して部分にすることで物事を理解しようというはたらきが優勢である。そこにおいて喜怒哀楽も視覚的な根拠や言葉まで獲得してエラそうにしはじめるのだ。

しかし永いこと面壁しているとその根拠が得られなくなり、やがては感情そのものが自信をなくして消滅する、ということなのである。あなただって、もし鏡に自分の姿が映らなかったらショックだろう。それと同じように、あらゆる感情が自信をなくして消滅したあとのなにも映っていない鏡のような心の在り方を、達磨さんは「**廓然無聖**《かくねんむしょう》」と表現した。それは梁の武帝に「如何なるか是れ聖諦《しょうたい》第一義」と訊かれたときの答え。つまり最も大切な聖なる真理はなんですか、と訊かれ、達磨さんは「ひろびろ〜として、そこには聖も俗もなにもありゃしませんよ〜」と答えたわけだ。価値判断をするはずの左脳が休んでいるのだから当然のことだろう。

ちなみにギリシャの懐疑派の哲学者とされるピュロンは、平静な心を獲得するためには「エポケー」が大事だと主張したが、これはウパニシャッド伝来の「判断停止」と同様の考え方である。ピュロンはエポケーによって得られる平静な心を「アタラクシア」と表現したが、これも「廓然無聖」に近く、これこそ人生最高の目標だとピュロンは述べている。

## †うすらぼんやり見る練習

うすら寒いとかうすらバカなどというが、「うすら」というのはあまり積極的に認められている言葉ではなさそうである。しかしこの「うすら」が俄然脚光を浴びてくるのが禅なのである。

見るともなく見る、と申しあげたが、それは「うすらぼんやり」と言い直すこともできるだろう。べつにわざわざ言い直すことでもないが、脚光を浴びさせないことには前言が無駄になるからこの際お許しいただきたい。

ところで「うすらぼんやり」見ることで何がどうなるのか、話しておかなければならない。理由も解らずただ「うすらぼんやり」しているだけでは「うすらバカ」と変わらないからである。

まず試しに、目の前に人差し指をたてた手を置いていただきたい。距離は三十センチくらいだろうか、手の長さに自然に任せればいい。その上で、普通にその指を見てください、といえばおそらく指に焦点を合わせるだろうから、当然指は一本に見えるはずである。

それでは次に、その指を含んだ景色ぜんたいを「うすらぼんやり」眺めていただきたい。

しばらく「うすらぼんやり」していると、指が二本に見えてこないだろうか。

これはもともと左右の眼に見えている二つの像が、「うすらぼんやり」することで統合されずに見えている状態であるから、べつに驚くほどのことではない。しかもその指の像は、よく見ると向こう側の物を透かして半透明になっていると気づくだろう。

また試しにその状態を保ったまま、腹を立てよう、あるいは不安を感じようとしてみてほしい。

あなたがもしちゃんと「うすらぼんやり」しているなら、それが無理であることに気づくだろう。感情に伴った身体状況が得られないから、感情は定着できないのである。

しかもその「うすらぼんやり」状況で、あなたの体がリラックスしていることにも気づくはずである。いわば生命力が最大になっている。なんと人間は、「うすらぼんやり」で生命力が最大になるという厄介な生き物だったのである。

雪舟の描いた達磨さんの眼に、ある種の恍惚感を感じるのは私だけだろうか。まるで深い眠りから覚めたばかりのタマのようだが、その洞察にも私は雪舟の並々ならぬ力量を感じてしまう。雪舟も、やはり「うすらぼんやり」の功徳を知っていたに違いない。

「うすらぼんやり」には価値判断もなく、好き嫌いもない。その先にはただ廓然無聖の広々とした世界がひろがる。当然のことながらその状態は言語では表現できない。「**言語道断**」も「**不立文字**」も本来はそのことを表現した言葉である。

スピノザやキェルケゴールの「あらゆる限定は否定である」というのも同じ主旨だが、それとそっくりのことを唐代の南嶽懐譲《なんがくえじょう》は言い残している。「**説似《せつじ》一物《いちもつ》即不中《そくふちゅう》**」というのだが、これはつまり何かだと表現したら最後、そのものの全体性が破れるからそのものではなくなる、ということだ。廓然無聖の世界とは、どうやら理解したり表現したりする世界ではなく、ただ味わうことだけができるものらしい。

いわゆる妄想から離れた「悟り」の世界は、意外なことに「うすらぼんやり」という入り口から入るようだ。

応無所住而生其心《おうむしょじゅうにしょうごしん》

応《まさ》に住する所無くして其の心を生ずべし

『金剛般若経《こんごうはんにゃきょう》』

## 妄想からの解放

### †考えることと瞑想の違い

悟りの世界を「うすらぼんやり」などと表現したら、お怒りになる方も大勢いらっしゃることと思う。ただこれは、解りやすく極端に申しあげていることをご理解願いたい。

詮ずれば、これまで申しあげてきたのは、本来清浄な心を認めた上で、それを見えなくしてしまうさまざまな迷いのことだ。練り上げられた感情がなにより迷いであり、言葉や文字がさらにそれを確固たるものにしてしまい、同時に迷いはその器としての身体症状を求める、ということだった。だから禅は、その言語表現をバカにし、さらにはその身体状況を奪うのである。迷いや苦しみが棲みにくい身体状況を「うすらぼんやり」と表現してみたにすぎない。

ただ初心者の入り口として「うすらぼんやり」が有効だというだけで、立派な禅の老師が物事を「うすらぼんやり」見ていると思うのはやはり不穏当だろう。もっと「はっきりすっきり、しかも大局的に」とでも言い直しておかなければいけないと思う。大局的に見るために、あらゆる「考え」とそれに見合った身体症状を排除し、身心をニュートラルに戻そうというのが禅なのだ。

もう一度別な例で確認しておこう。

たとえば今、眼を閉じて焼きそばを想い浮かべてみていただきたい。どんな焼きそばでもいいが、はっきり脳裡に浮かぶ焼きそばの姿を、もう一度確認していただきたい。人によってさまざまだと思うのだが、多くの人は焼きそばの載った皿や鉄板を上から見たように想い浮かべたのではないだろうか?

そして一部の人だけが、その焼きそばの置いてある部屋の様子、テーブルの大きさやテーブルクロスの柄、場合によっては部屋の内部装飾や何人かの人の顔まで想像したかもしれない。

上から見たように想い浮かべた人は、じつは焼きそばのことを「考えた」のである。やがてその中に入れる具のことなど考えだすのかもしれない。

一方の焼きそばのある風景全体を想い浮かべた人は、イメージの世界に遊んだのであり、別な言葉でいえば「瞑想」したということになる。

瞑想とは、結果として見れば、ふだん意識から独立している無意識の脳機能を意識によってコントロールする方法であり、基本的には意識が拡散した状態を保持することから始まる。たとえば意識が右の掌一カ所に集中すると我々はすぐに何かを考えはじめることもできるが、意識を両手の掌に均等に分散してみていただきたい。その状態では理性的な思考がストップしていることに気づくだろう。慣れてきたら両手両足の四カ所に意識を分散したまま集中することも可能になる。そのほかにもじつにいろんな瞑想の技術はあるが、ここではこれ以上深入りしない。坐禅が、そんなふうに瞑想としてテクニカルに指導されることはむしろ稀だからである。しかし方法論は違っても、坐禅が結果としては瞑想の一種であることは間違いない。

ともあれ実際に「瞑想」してみると分かるが、そのときあなたは眼に見える何ものをも言語化していないし、なんらかの価値判断もしていない。さっきの「焼きそば」瞑想について言えば、想い浮かべた部屋も綺麗でもないし汚いわけでもなく、ただ「ありのままに」浮かんで見えているに過ぎない。つまり価値判断がなされないからこそ、全体が浮かんでくるのである。まえに「ありのまま」などあり得ないということを書いたが、じつは瞑想においてはそれがあんがい簡単に実現してしまうのである。見えている人の顔にしても、好き嫌いとか特別な怨みがあったりすれば焼きそばもテーブルクロスもすぐに見えなくなってしまう。つまり瞑想において全てが見えるのは、好き嫌いや価値判断を離れているからなのである。

念のため申しあげておくと、最も瞑想から遠いのが「連想」である。それは「考える」行為のなかでもいちばん遠くへ自分を運んでしまう。瞑想している場合自分は「今ここ」に居るのだが、「考える」とは「今ここ」からいなくなることなのである。

「うすらぼんやり」よりは解っていただけただろうか。瞑想とはこのように大局的に物事が見えている状態であり、そこではあらゆる「考え」や価値判断から解放されている。しかもその場合の焼きそばは湯気や匂いさえ鮮明に感じられるから、想い浮かべただけで空腹も感じてくる。つまり「瞑想」とは、明らかに「今ここ」でのリアルな体験なのである。

## †時間が溶ける瞑想

ところで先ほどの「焼きそば」瞑想の場面をもう一度想い浮かべてみていただきたい。

そこに見えている光景は、必ずしも過去にどこかで経験した場面とは限らないはずである。たとえば焼きそばそのもののイメージは過去のいつかの姿だとしても、そこに居る人の顔は焼き肉パーティーをしたときのメンバーだったり、またその背後に見えるカーテンの柄はその昔自分が一人で暮らしていたときの柄だったりする。つまり、瞑想においてはさまざまな時間が勝手に融合されるということなのだ。

べつな言い方をすれば、過去の無数の時間は、本来そんなふうに無作為というか無造作に頭に畳みこまれており、それを時計やカレンダーにしたがって並べているのが我々の理性なのである。理性がじつは時間を合成しているのであって、瞑想で見たほうがむしろ頭の奥底の中身そのままに近い、ということもできるだろう。

禅では苦しみや悩みが、時間によって合成されると考える。だから時間そのものが渾然として溶けあっている瞑想状態（三昧）では、苦しみや悩みも棲みにくいのである。『圜《えん》悟《ご》禅師語録』巻十八にでてくる「**壺中日月《こちゅうじつげつ》長し**」や『五燈会元《ごとうえげん》』などにある「**別に是《こ》れ一壺の天**」は、こうした人為的な時間から解放された状態の禅的表現である。

## †時間は作られる

ベルクソンはその時間論の中で、時間が流れるさまを映写機に喩《たと》えた。つまり一々の瞬間が映写機で映されると初めてそこに時間が流れ、物語が発生するというのだ。仏教の時間論も基本的にはそれにちかいが、もう少し厳密である。つまり部派仏教で生まれてきた「旋火輪《せんかりん》」という考え方によれば、それぞれの瞬間は火縄の先の火に喩えられる。そのままではむろん点に過ぎないわけだが、これが廻されたり動かされたりすることで時間が線になって流れるというのだ。映写機は流し方が一定だが火縄を手で廻す場合は廻す人のクセによって流れ方が違ってくる。その意味で少し厳密だと申しあげたのである。

道元禅師はその大著『正法眼蔵』の「有時《うじ》」のなかで、いやしくも仏道を志したなら、時間が過去から現在、現在から未来へすんなり流れているなどとは考えるべきでないとおっしゃっている。どういうことかというと、我々は常に瞬間に生きている。いや、瞬間にしか生きておらず、しかも無数の瞬間どうしには本来一貫性などないのだ。しかしその無数の瞬間を、瞬時に「排列《はいれつ》」したり「経歴《きょうりゃく》」したりして我々は時間を作っているというのである。

具体的に申しあげよう。我々は普通に「きのう寝て、今日起きた」と言う。しかしじつは寝たそのときは「今日」だったはずであり、起きたときも「今日」なのである。しかし我々に染みこんだ時計の常識は瞬時にその二つの時間を「排列」するから、「きのう寝て今日起きた」ことになる。じつはそのとき初めて、きのうから今日に時間が流れたのである。

「排列」ばかりか我々はもっと高等なワザも使う。それが「経歴」だが、そこではさまざまな物語にしたがって時間は渦を巻いたり逆流したりもする。もちろん省略などは朝飯前である。

たとえば「この頃どうも景気が悪くてあきまへんわ」という言葉を誰かが言ったとしよう。むろんそうした現象がたくさんあることは理解できる。それを疑うわけではないのだが、この人がその言葉を言うために、じつは大胆な省略を行なっていることに注目しなければならない。たとえば、そうはいいながら顔色のよさそうなその人は、きのうは温泉に行ってきたのかもしれないし、一週間まえには美味しいスキヤキを囲んだかもしれない。しかしそんなことを言うと「どうもあきまへんわ」という文脈が乱れるから、大胆に省略したのである。かくして「どうもあきまへん」という時間が生みだされる。

またその人がそれに続けて、「これもみんな、息子が家出てってもうたあの日からですわ」と言ったとする。確かにがっくりきたその日以後、彼は労働意欲がなくなり、それを感じた客が注文をしなくなってしまった部分もあるのかもしれない。

しかしすべての因果関係が人間に見えるわけではないから、これは大袈裟に言えば「歴史」が無理矢理綴られたことになる。「歴史」とは無数の因果関係から適宜に選んだ因果の糸で綴られた、きわめて恣意的な織物なのである。こうして大胆な省略や縫い合わせ作業が組み合わさり、とうとう「息子が出ていってしまったために、あきまへんわ」という「不幸な」時間が作り上げられることになる。ところで急に大阪弁になったことに特別な意味はない。ひょっと、私の頭の中から飛びだしてきたのだから、そういう時間が頭の奥のほうにしまわれていたということなのだろう。

## †捏造される「時間と自己」

ともかく極めて簡単に整理してしまうと、妄想を作り上げる二大要因は先に挙げた好き嫌いを含めた価値判断のほかに、この捏造された時間ということができるだろう。いや、価値判断の背景に、恣意的に積み重ねられた時間があるということなのかもしれない。歴史認識と言い換えてもいい。ただ困ったことに、我々は不幸ばかりでなく幸せもこの歴史認識によって感じる生き物だから、「昔あんなに苦労したから今こんなに幸せなんだわ」という具合に、幸せまでも捏造してしまうのである。**「好事も無きに如《し》かず」**（『五燈会元』巻四・『碧巌録』第八十六則）というのは、たとえ幸せであっても捏造して喜ぶのは愚かだという主張だろう。

　禅はそうした「物語」に仕立てられた時間と自己を、瞑想のなかで解体しようとする。徹底的「うすらぼんやり」のなかでは時間も流れず、したがって自己も恣意的な「物語」に嵌《は》めこまれていない全的存在なのである。

　この状態は「**山中無暦日**」（山中に暦日無し）と云われる。単に山の中だからカレンダーが関係ないというわけではなく、それは「排列」も「経歴」もされていない全的体験のことだ。もとは『唐詩選』に載った太上隠者《たいじょういんじゃ》の詩の一節で「山中に暦日無し　寒尽きて年を知らず」というのだが、通常は寒さの峠を越して年が改まったようだが何年なのか判らない、と解釈される。しかし私には、「寒尽きる」という体験が厳しい坐禅修行とも読める。何時間も坐禅しつづけていると、たしかに時間が連続なんかしていないと実感することがあるのだ。

理解していただけないかもしれないが、雨の音というのもじつは普段ひとまとまりの音の群れとして聞いているから楽しめるのであり、本来のばらばらで不規則な一滴一滴の音として聞こえたら我慢できないくらいうるさい。そしてそのとき、時間は流れてはいないのである。

これまでの話で、迷いの原因である妄想ができる仕組みはだいたい解っていただけただろうか。

なにより好き嫌いを含んだ価値判断によって本来の清浄心が曇るわけだが、どうもその背景には我々の捏造する「時間と自己」があるようである。

大脳生理学によれば、そうした「時間と自己」は大脳皮質の前頭連合野で作られるらしい。むろんタマやナムには発達していない部位だから、彼らの迷いは浅いということだろう。

## †「自己」の誕生と発達

ここで、捏造される自己についてもう少し説明しておいたほうがいいだろう。まえに西田幾多郎先生の言葉から「自己がなくなることで同時にそこから自己が生まれる」というのを引用したが、その無くなるべき最初の自己のことだ。

生まれてすぐの人間も、火を近づければ逃げるし叩かれれば痛い。だから感覚も心もあると考えていいだろう。しかし、たとえば饅頭が一個のった皿と二個のった皿を出されても、幼すぎればなんのことか解らない。ある程度成長してくると迷わず二個のったほうを選ぶようになるが、これを心理学では「物心がついた」と規定している。自己の誕生といってもいいかもしれない。

ちなみに比較認知科学と呼ばれる分野では、多くの研究者たちがヒトやその他の動物に対して自己鏡映像認知という実験を繰り返してきた。つまり鏡のなかの、自分と同じように動く像を、自己として認識できるかどうかという実験である。アメリカの心理学者であるG・ギャラップの巧みな実験でチンパンジーにはその能力があることが確認されたが、人間の場合はおよそ二歳前後でその能力が発現するという。京都大学の板倉昭二氏はニホンザルにも自己認知の可能性を求めて実験を繰り返しているが、まあいずれにせよナムやタマには無縁なことはたしかだ。彼らは鏡のなかの姿に吠えたり爪をたてたりして昂奮するが、どう見ても敵か仲間か識別するのに忙しく、まさか自分だなんて思いもよらないようだ。

それはともかくそうしてできた幼い自己は、その後も何が善いことで何が悪いことか、何が綺麗で何が汚いのか、何が楽しくて何が苦しいのか、だんだん経験から学んでいくことになる。そうした価値判断が自己の輪郭を作るといってもいいだろう。しばらくすると遠慮することを覚え、二個の皿に伸ばす手に迷いが生まれてくるが、それを「智慧づく」とか「分別がつく」というのである。

ウンコが汚いと思うのも、乞食に近づくまいと思うのも、学んだ分別だ。古い歌に「幼子《おさなご》の次第しだいに智慧づきて 仏に遠くなるぞ悲しき」というのがあるが、いわゆる確立されてくる自己やそれを支える知識・分別・価値判断などを、禅は根こそぎ否定するのである。

また脳の話で恐縮だが、脳的には、ヒト脳の神経細胞（ニューロン）は誕生と同時に大量に死ぬといわれる。ヒトが考えたり感じたりすること、つまり脳内の情報伝達は、このニューロンと、ニューロンどうしの接合部であるシナプスを通して行われる（一つのニューロンには数千個から数万個のシナプスがある）。その後残った神経細胞はニューロンネットワークと呼ばれる連絡機構を作るが、これも成長に伴って数を減らしながら次第に強固なものになっていく。シナプスは数歳まで増えるようだがその後はこれも減りつづける。つまり、幼い頃には流動体にちかいほど密だったニューロンどうしの連携が、だんだん限定されながら太くなっていくということだろう。おそらくそれが「自己という在り方」を決定づける分別や価値判断の在り方に深く関係しているのだと思える。思春期までには大人と同じ程度までネットワークの数が減るらしいが、一瞬「退化」かと思えるこうした脳内変化によって、ロジックが使えるようになり、自己意識が発達するという逆説的な現象が起こるのは面白い。

その後も我々は、さまざまな経験や知識によって自己と自己以外をできるだけ精密に区別するように成長する。その自己意識とは、それぞれの経験を恣意的な時間で括ることにより、それぞれに作り上げた価値判断と好き嫌いの体系だといってもいいだろう。脳的には、ひょっとするとその人独特のニューロンネットワークの癖ができることなのかもしれない。

禅は、しかしそれこそが迷いの根源、妄想そのものであるとして否定するのである。これまで述べてきた好き嫌いや価値判断や歴史認識も、いわばこの捏造されたロジカルな自己のことだ。瞑想や坐禅によって脳内に起こるのは、もしかするとその捏造された自己が「溶ける」ことなのかもしれない。まあこれは、素人の文学的かつ勝手な解釈であるから、脳の先生方、メクジラたてないでね。

## †本来の自己は汚れないし傷つかない

本来の自己は傷つきもしないし汚れもしない。しかし作り物の自己は作り物であるがゆえに傷つき汚れやすい。迷いも、この作り物の自己に特徴的な現象なのだと思う。ところで学習や経験がすべて妄想になるというなら、なんだか人生そのものが否定される気分になるかもしれない。

しかしそうではなく、禅が否定するのは学習や経験によって形づくられた価値判断や好き嫌いによって、今の出逢いに余計なものが介在することだ。「先入観」なく、出逢えというのである。

先入観は「先入主」ともいうが、これはなかなかに拭い難い。たとえば百円玉を机に落とそうとするのを見れば、頭のなかにはすぐに「チャリン」という音が浮かぶ。その後実際に落ちても、その先入観をなぞっているだけ、ということが多いのである。だからこそ香厳智閑《きょうげんちかん》和尚のように、瓦礫が竹にぶつかる音の響きを聞いただけで悟る人もいるのだ。介在物なく見聞きするというのは、それほど貴重な体験なのである。

先入主よりもまえから存在するのが「**主人公**」であり、「主人公」が先入観なく裸で出逢うことを「**一期一会**」と呼ぶ。

しかし知ってしまったことを先入主にしないのは難しいことだ。

だから昔から、多くの禅僧は自分の名前にそうした目標を掲げてきた。「**無学**」祖元、「**大愚**《たいぐ》」良寛、最近では山田「**無文**」老師の名前もそういう意味合いだろう。むろん「無学」など、もう学ぶことがないほど学んでしまった状態と云われるが、これも通常の解釈からはずいぶんヒネった禅的な解釈と云えるだろう。いわば後天的な知識、あるいはそれによって思考する以前の「**無分別**」を、禅は指向しているのである。中国宋の無《む》文道璨《もんどうさん》禅師に「**百不知百不会**《ふえ》」という言葉があるが、これも単になにも知らず会《え》す（理解する）ことができないというのではなく、知ったり理解したりしたことを抱え込まないということだろう。宮澤賢治の言う「デクノボー」にも同じ意味合いを感じる。

まったくなにも知らない子供と「大愚」や「無学」は当然同じではない。なにがどう違うかは説明しにくいが、実感としては坐禅を繰り返すうちに先入観なく対象に対面し、しかもその際の発想がとても豊かになっていくような気がする。

脳のことは宇宙同様まだまだ謎が多いが、坐禅や瞑想によってそれまで確定していたニューロンネットワークがニュートラル状態になり、場合によってはネットワークの組み替えが促されるのかもしれない。むろんこれも、素人の勝手な推測である。とにかくここでは、禅が目指すのは右肩上がりの「進歩」なのではなく、ある種の「回帰」なのだと承知していただきたい。「本来の自己」が脳的にはいつ頃のどういう状態なのかは判らないが、禅が回帰すべき理想状態をしっかり想定しているのは確かなことだ。

唐代の趙州《じょうしゅう》和尚の「**万法帰一**《ばんぽうきいっ》」の一も、あるいは「**大道長安に通ず**」の長安も、我々にとっては昔居たことのある懐かしい場所なのである。

## †反復される初心

標題の「**応《まさ》に住する所無くして其の心を生ずべし**」は、『金剛般若経』にあるのだが、この言葉によって達磨さんから六代目の六祖慧能《ろくそえのう》禅師はお悟りを開いたとされる。日本に伝わった禅宗は全てこの慧能禅師の流れ（南宗禅《なんしゅうぜん》）だから、ことに大事にされる言葉である。

ここでは、先入主のこだわりが「住する」という一言で表現されている。つまり是非善悪の判断も、好き嫌いもなく、あらゆる先入主がいないという状況で、初めて本来の心が生ずるというのである。

「生じて有せず（**生而不有**）」という言葉が『老子』にでてくるが、生みだしながらも所有しない、という「不有」も、「無所住」と同じことではないだろうか。

解りにくいと思うので、一つ現実にあった話をしよう。

マーチンというアメリカ人の友人がいたのだが、彼は父親を亡くし、禅が学びたくて十七歳で日本にやってきた。むろん道場に入りたいわけだがまだ正坐もできないし日本食も食べたことがない。そんな状況なので神戸のお寺でしばらく日本の生活に慣れてから道場に入っては、ということになった。そのお寺での出来事である。

毎朝の食事はお粥だった。彼はオートミールなら食べ慣れているが、お粥みたいに味のない不甲斐ない食べ物はないと思ったらしい。それでも牛乳を加えれば美味しくなるのでは、と思い、彼はある朝着慣れない着物の袂《たもと》に紙パックの牛乳をしのばせて食卓についたのだった。

しかし運悪く牛乳を入れようとするとお寺の住職さんに見つかってしまった。ところがその和尚さん、呵々《かか》大笑という感じで笑ったらしい。笑われればなんとなく赦された気分になるのが人情。彼は次の日もその次の日も、毎日牛乳を入れつづけたという。

そしてここからが不思議なのだが、毎朝牛乳を入れるマーチンを、和尚さんは毎日おなじように大声で笑ったというのだ。来る日も来る日も、雨の日も風の日も、である。

通常我々の理性というのは、すぐに「これで何日目だ」と数えはじめたり、あるいは「一人だけこんな勝手なことさせるのは如何なものか」なんて考えはじめる。そして「なんだか可笑《おか》しい」という初心の反応を失っていくものだ。歴史認識ともいえるし価値判断ということでもあるだろう。すぐに先入観で見るようになるのが我々なのである。この神戸の和尚さんのような対応はなかなかできるものではない。

この和尚さんが「アホ」でないことは確かだから、我々はこれを「大愚」と呼ぶ。和尚さんは「住する」所がない、つまり記憶を蓄積していないのである。

ちなみにマーチンは、昨年四十四歳で突然死んでしまったが、彼が口癖のように話してくれたのがその和尚さんの不思議な笑いのことだった。彼は、どんなに辛いときでも、その笑いを憶いだすだけでなんとかやってこれたと、流暢な日本語で語ってくれたものだった。

すべての先入主のいない心、お解りいただけただろうか。それこそ「慈悲」溢れる心なのだと思う。

しかしこれが実現しないかぎり「悩み」や「迷い」が生まれるのだとすれば、それはあまりに揺かなる旅路に思える。

そして、毎日似たようなエサをあげるのにあんなに昂奮して喜んでみせるナムは、まるでいつも「初心」を反復してるみたいだし、もしかすると悟っているのか、なんて思ってしまう。

なんだかよく解らなくなってきたが、あれこれ妄想を逞しくして考えるのはやめよう。悟ってもいない私があれこれ話しても仕方ないから、次章ではさまざまな祖師方のお悟りの表現をシャワーのように浴びていただこうと思う。

# 二、悟った人にはどう見えるのか

# 柳緑花紅真面目

柳は緑　花は紅　真面目《しんめんもく》

『東坡禅喜集《とうばぜんきしゅう》』

## †悟りへの関所

いきなりシャワーも驚くだろうから、まずは禅の道場で与えられる公案（禅問答の問題）を示し、いわば悟りの世界への関所をご一緒に通過してみたいと思う。

一般的なのが「**趙州《じょうしゅう》の無字**」というものだ。これは趙州和尚に弟子が「犬にも仏性はあるのでしょうか」と訊き、それに対して和尚が「無」と答えたという短い話なのだが、道場によってはこの公案を通過するだけで何年もかかったりする。私も毎日参禅しながら通していただけるまでずいぶん長くかかった。

なぜそんなに大事なのかというと、この公案こそ価値判断という二元論を打ち砕くものだからである。善悪、正邪、美醜、聖俗、幸不幸、真偽、有無など、キリがないほどの判断を我々は日常しているわけだが、たいていそれは以上のような二元論になっている。

　二元論を打ち砕くとは、いったいどういうことだろう？

　犬に仏性があるかどうか、つまり犬にも仏さまになれる素質は宿っているのか、という問題だが、普通にこれをロジカルに考えるなら、答えは「有」か「無」のどちらかになるはずである。しかし不思議なことに、どちらを答えても「宜《よろ》しい」とはならない。趙州和尚は別な場面で別な僧に対し、「有」と答えたりもしているから尚更ややこしい。

　誰もが論理的に物事を考える習慣を身につけている。脳内の神経細胞は、生まれた当初は裸線のニューロンなのにしだいに鞘《さや》ができ、周囲と絶縁されることでいわば混信がなくなるから、ロジックが使えるようになるらしい。ニューロンネットワークは子供時代にうわっと余分に作られる。それが成長とともに減少し、いわば電流の通り道が限定されて太くなるにしたがって論理もしっかりして理性も強くなるようだ。この変化のおかげで、人は無意識に合理的・論理的にものを考えるようになるわけだが、しかし「有」でも「無」でも通してもらえないこんな公案に出逢うことで、脳は合理的・論理的に考えることに生まれて初めて懐疑を抱くのである。

　いや、そうした脳の論理的でない直観的なはたらきは、幼児期には普通だったのだろうか。もしかすると剝《む》きだしの裸線どうしは、論理を使わずに「直観」で納得することだって可能だったのかもしれない。だから「有」とか「無」以外の答えが、その頃にも存在しなかったとは言いきれない。しかしふだん我々が頼りにしているのは合理的な理性脳だから、幼時のことなど言いだしても急場の役に立たないのである。

　ともかく論理の道を閉ざされた脳は、うろたえつつ旅にでる。そうして、結論としては「うすらぼんやり」から深い瞑想を通り、ついに価値判断が生まれる以前の地平に辿り着くことになるのである。

　こんなふうに書くとなんだかたいした旅でもなさそうだが、これがなかなかどうして汗と涙の孤独な旅なのだ。前からは警策《けいさく》の嵐、後ろからはアイデンティティーの危機に苛《さいな》まれるという感じだろうか。

　ほかに「**父母《ぶも》未生《みしょう》以前《いぜん》の本来《ほんらい》の面目《めんもく》**」や「**隻手《せきしゅ》の音声《おんじょう》**」という公案も初関（初めて与えられる公案）としてよく使われるが、狙いは同じである。前者の場合は二重に解釈できるだろう。一つは父母を二元的存在ととらえ、その二が生まれるまえの「一」ということ。そしてもう一つは、父母が生まれたのは自分がそのことを認識したときだから、そういう認識が生まれるまえの「**無心**」ということである。西田幾多郎先生のような優秀な人間脳は「**絶対矛盾的自己同一**」なんて表現しているが、要は打ち破るべき分別の壁はそれほどに堅固で、通常の分別からすれば、二元のどちらでもないという事態は「絶対矛盾」だというわけだろう。ちなみに鈴木大拙先生は「**無分別の分別**」と呼び、またドイツ観念論のシェリングが導いた主観と客観の同一性（同一哲学）やヘーゲルの唱えた「正↓反↓合」の弁証法も、絶対者への認識を抜きにすれば近似した表現だといえるだろう。

### †関所とは「意識の変成」？

ところでこの「二が生まれるまえの一」とか、前章で申しあげた「回帰」、また「父母未生以前」なんてことも考えていると、どうしても私など母胎にいた時代のことを想ってしまう。つまりへその緒で母胎と一つに繋《つな》がっており、親と「不二」だった状態である。さきほど人は誕生と同時に大量の神経細胞を失うと申しあげた。ということは、生まれる直前が最大数だったということだ。また人は、羊水のなかで「胎児のバレエ」とも呼ばれるほどの運動能力を獲得するらしいが、これも出生つまり「不一」以後、同じレヴェルに回復するには少なくても二、三週間はかかるという。こうして見ると、もしや「お悟り」という理想郷は子宮の中だったのではないか、とさえ思える。むろん胎児は言語で「分かる」ことはできないわけだが、すでに我々と同様のことを「感じる」らしいことは今や胎生学の常識らしい。そこでは脳機能も大人の脳に至る途中と見るのではなく、「液性中枢情報システム」という別なシステムと考えられている。いわば鞘がないための混信によって、流動体内部に情報が瞬時に伝わるという見方だ。

なにも私は、二元を打ち砕いて子宮へ帰れ、などと本気で申しあげているわけではない。ただ現在の胎生学では、胎児に我々とは別な次元の全き意識を読みとろうという動きがあり、そのことがいささか気になるのだ。つまりある種の変性意識が、胎児には宿っているという見方だ。いずれにしても我々は退嬰《たいえい》するわけにはいかないから先へ進むしかないのだが、悟りの世界への関所で起こることは、案外この「意識の変成」ではないかと思うのである。

笑っちゃうかもしれない。しかし胎児ほど慈悲につつまれ、自他の区別もなく、安らかになれるのが悟りだとしたら、マンザラでもないでしょ。

## †悟った心の表現

なんだかいろいろ聞かされるうちに、「悟りへの関所」でいくつか示した悟った心の表現も、忘れてしまったのではないだろうか。もう一度確認しながら、お悟り表現のシャワーを浴びていただきたい。

禅では富士山のことを「**不二**」と書くことが多いが、これは今申しあげた二元に分かれる以前の「一」を表現しようとしている。「**如是**《によぜ》」というのは「是《か》くの如し」としか言いようがない、つまり表現不能を意味する表現。「**真如**」も同様だろう。『老子』で云われる「**道**」とか「**太虚**《たいこ》」あるいは「**沖虚**《ちゅうきょ》」というのも、すべての物が名づけられる以前の全的でカラッポな世界だから「**父母未生以前の本来の面目**」と同じと考えていい。一応まえに書いたものも列挙しておくと、「**仏心**」「**仏性**」「**法性**」「**本来の面目**」「**本地の風光**」「**無心**」「**直心**」などである。また「**一円相**」という表現もあった。ほかに「**万里一条の鉄**」とか「**純一無雑**《じゅんいつむぞう》」なども、とりつく島がないくらい分け目がなかったり混じりっけのない心の状態だろう。僧侶の墓石には卵形の無縫塔が用いられることが多いが、この「**無縫**《むほう》」というのもあらゆる価値判断以前の、分断もされず縫い目もない全的心のことである。同じことを「漏れがない」と見れば「**無漏路**《むろじ》」という言い方になる。「**万里**《ばんり》**片雲無**《へんうんな》**し**」などというのも、同じ心の詩的な表現だろう。禅では妄想を雲に見立て、雲一つない青空を本来の心に喩《たと》えることも多い。達磨さんの「**廓然無聖**《かくねんむしょう》」というのもカラッと広がる青空のイメージであり、しかもそこには聖なるものさえ存在しない。聖が生まれれば俗という概念も同時に生まれているからである。先にも示した「**好事も無きに如かず**」というのはそういう意味だ。でっちあげの価値判断は、好くても悪くても、無いほうがマシなのである。

茶道では「**白露地**《びゃくろじ》」などとも云うが、利休の孫である千宗旦《せんのそうたん》はわざわざ「地は心」、「露は自性を露《あら》わすの義なり」と注釈する。いわば清らかで剝きだしの本来の心のことだ。茶道の創始者と云われる村田珠光《むらたじゅこう》が重視した「**和敬清寂**」という言葉も、その心の四つの側面と考えられるかもしれない。

『臨済録』にでてくる「**無事**」もそういう意味ではお悟り状態の心だろう。「求心歇《ぐしんや》む処、即ち無事」と云われるが、外に馳求《ちぐ》する気分のなくなった状態は完全な円満具足の心だろう。宋代の儒家程明道《ていめいどう》は「**澄然**《ちょうねん》**無事**」というが、これはさらに解りやすいかもしれない。無事であるせいで内側が澄みきった状態のことだ。指月禅師が言う「**守一無**《しゅいつむ》**適**《てき》」も、内側で「一」のまま充足しており、心を外へ適《ゆ》かしめない具足した心である。

臨済禅師の師匠である黄檗は「**無依無住**《むえむじゅう》」と言った。依拠することも住することもない全き心の状態だろう。釈尊が跡継ぎの摩訶迦葉《まかかしょう》に伝法させたときの言葉にある「**涅槃妙心**」や「**実相無相**」なども、それぞれ煩悩が吹き消されたあとの、なんとも言いようのない不可思議な心、そして本質的で特定の姿をとらない心、ということだ。

その心を人格化した表現もある。唐末の巌頭《がんとう》禅師は「**主人公**」といい、臨済禅師は「**無位の真人**」とか「**無依《むえ》の道人《どうにん》**」と呼んだ。臨済禅師の「**無事是貴人《ぶじこれきにん》**」の「貴人」も当然悟った人格として数えるべきだろう。また『荘子』の**神人《しんじん》**や**真人《しんにん》**、**至人《しじん》**、**真君《しんくん》**などは、同じ意味というよりむしろ原型と云えるのかもしれない。唐代の永嘉玄覚《ようかげんかく》禅師は「**絶学無位の閑道人《かんどうじん》**」と言うが、これも明らかに同じ趣旨の表現だろう。

なんだか凄いシャワーになってしまった。あまりにも羅列してしまったなあと、ちょっと反省もしている。しかしこんなふうに並べたものが、じつは一つの事態のさまざまな表現なのだということをマノアタリにしていただきたかったのである。全くいろんな表現があって、これが禅を難解に見せてしまうのかもしれない。しかし私には、これこそ禅の奔放さだと思える。奔放なこのシャワーを、何度も浴びてほしいものだ。

## †言葉の届かない世界に言葉で近づく

ついでに申しあげておくけれど、かつての老師方は今「一つの事態」と申しあげた本質的心を弟子たちに見せるため、じつに大変な苦労をしている。羅列してしまった言葉たちも、本当はそれぞれに深い物語を抱えていることを承知しておいてほしい。また弟子の養成についても、それぞれ独自の方法を永年かけて編みだし、一世一代の方法として採用しているわけだが、臨済はなにかにつけて一喝し、臨済の師匠である黄檗は棒で叩いた。倶《ぐ》胝《てい》和尚は謎かけのように指を竪《た》てたし馬祖《ばそ》道一《どういつ》禅師はむやみに払子《ほっす》で虚空を払った。白隠の「隻手《せきしゅ》（片手）の音を聞いてこい」というのもそのための端的な表現だった。考えてみればこれも、もとを辿れば釈尊の「**拈華**《ねんげ》**微笑**《みしょう》」に行きつくのかもしれない。

釈尊は後継ぎを決めようとされるとき、コンパラゲという華を手に持ち、弟子大衆に示した。すると皆が不思議そうに見守るなか、ただ摩《ま》訶《か》迦葉《かしょう》のみが微笑み、そのため彼にすべてを任せたとされるのだが、これはあらゆる言葉や論理を仲立ちとせず、悟った心どうしが感応し共振したということだろう。それは「**以心伝心**」と云われる事態だが、だからこそ全的心・仏心そのものは言葉や論理で伝えることは難しいとされる。それが「**不立文字**」とか「**教外別伝**」と云われる所以《ゆえん》である。同じことを達磨さんは、なにものをも介さずに心を直接示すという意味から「**直指**《じきし》**人心**《にんしん》」と言った。

それにしても、言葉で表現できない事柄に関してこれだけ多くの表現があるというのが可笑しい。それはおそらく、人間は無意識の世界をも意識が射程に入れるしかないように、言葉の届かない世界にもなんとか言葉で近づこうとする生き物だという証左ではないだろうか。そしてまた、我々がすぐに言葉で切り取って所有してしまうという特性も、ここに露見している。

しかし言葉で近づくとは言っても、最後の最後のところは実際に体験するしかない。それは「**冷暖自知**《れいだんじち》」と云われる。だからこの本を読み終えたら、実際に坐禅してみていただけたら嬉しい。教えてくれる人がいないというなら、とりあえずはまえに申し上げた意識を両手の掌に分散して集中してみてほしい。そこはすでに、言葉の届かない世界だ。

ところで坐禅などしようもない体型のナムだが、いったい犬にも仏性はあるのかどうか、なんて全く気にしていないように思える。そんなことで悩む人間とは、なんと因業《いんごう》な存在かと、笑われている気分にさえなる。

しかし動物脳に人間脳が加わったことを進化と信じるなら、ナム以上の安楽は必ずやあるはずである。たとえそれが、「苦」を感じる生き物であるがゆえの「楽」なのだとしても、我々はそれが精神の全き自由なのだと信じて進むしかない。おそらく心とか精神などと呼ぶものが生みだす「価値判断」という不自由は、ナムの感じていないもっと気高い自由へと我々を運ぶための燃料なのだ。だってなんの価値判断もしなかったら、坐禅などという方法さえ考えだされることはなかったのだから。

話がややこしくなってきたせいか、ナムが「ワン」と吠えた。こいつ、もしかすると「不二なる一」を知ってるのか？

## †悟った心に見える風景

以上さまざまな言い方を見てきたが、いよいよそうして辿《たど》り着いた本来の心には、世界がどんなふうに見えるのかを見てみよう。むろん私も皆さんも恐らくは悟ってはいないわけだが、祖師たちの見た世界を追体験することでその気になることも大切だと思う。目指すべき世界がはっきりするだけで事態はまったく変わってくるだろう。こうしてなにか遠くの目標を目指すなんて、ナムやタマには及びもつかないことに違いない。彼らには恐らく、自分の一年後を想定することだってできない。たまにたくさん貰った骨の一部をナムが地面に埋めたりすることもあるが、それだってすぐに埋めた場所を忘れてしまう。我々は「住する」「所有する」という煩悩に振り回されるわけだが、だからこそ目標なんてものも持てたりするのだから困ってしまう。本当に我々は、素晴らしい可能性を秘めた因業な生き物なのだと思う。

前置きはともかく、標題の「**柳は緑　花は紅　真面目《しんめんもく》**」を見てみよう。これは宋代の詩人文人であり、また東林禅師に参じて印可を得た（悟ったという証明書をもらうこと）とされる蘇軾《そしょく》（蘇《そ》東坡居士《とうばこじ》）の詩にでてくる言葉である。これこそが、まさに価値判断をやめた人の眼に映った世界の代表と云えるだろう。

余談だが、この場合の「花」とはおそらく桃の花であることを申し添えておく。柳は柳として青々と勢いよく新芽を吹き、桃は桃でその真面目である無邪気な紅の花を咲かせているというのだ。

いったいなんのこっちゃ、と思われるかもしれないが、本来柳と花は比較のしようがない。比較しないままになんの判断もせずに世界を受け容れた結果がこの風景なのである。

まだ解りにくいだろうから、人間に喩えてみよう。たとえば山田君は優しくて田中君は仕事ができるとする。「優しさ」と「仕事のでき具合」は本来全く別の価値基準なのだが、二人は一緒に行動することが多いから事あるごとに比較される。その結果、さまざまな「場」によって田中君の敏捷さが誉められたり山田君の心配りが誉められたりする。誉める場合はともかくも、なんらかの基準で見比べる限り優劣が判定される。むろん片方がけなされることにもなる。あらゆる「場」には価値基準がつきものだからである。

しかし人間のもつ本来的な価値は「場」のもつ価値基準とは関係ない。そのことが心底分かると、「山田君は優しくて田中君は仕事ができる」という認識がすらっとできるのである。「ナムは素直だしタマは屈託がない」という言い方も発情期以外なら可能だろう。

要するに住することのない心には、対象の佳さがそのままストンと飛び込んでくるということだ。柳は緑で花は紅。ともに素晴らしい。べつに比較はしないけど、なんか文句あるか、ということなのだ。

南宋の密菴《みったん》禅師は「**眼横鼻直**《げんのうびちょく》」と言い、道元禅師も同じ表現を使っているが、これも同じ趣旨。白隠禅師の『槐安国語《かいあんこくご》』には「**月は青天に在り、水は瓶に在り**」とある。「柱は縦に、敷居は横に」なんてのもあるが、そうしたあたりまえの認識ができなくなるほどに、普段の我々はでっちあげの価値観で曇り、比べられないものを比べて勝手な取捨選択をしているということなのである。

### †ありのままに見える

この世に存在するものにはすべて「華」とも呼べる命の輝きがある、というのは『華厳《けごん》経《きょう》』の思想だが、むろん禅もそう考える。そしてそれが見えないのは、妄想のせいだというのである。**「聖朝《せいちょう》に棄《き》物《ぶつ》なし」**、此の世に棄てるべきものなどありはしない、という言葉も同じ発想からでてくる。

あらゆる妄想の消えた心には外界の美しさ素晴らしさが素直に入ってくる。その様子を表現したのが**「無一物中無尽蔵《むいちもつちゅうむじんぞう》　花有り月有り楼台有り」**という言葉だろう。これも蘇東坡の詩の一節だが、心に一物もない状態になって初めて万物がありありとその姿を見せるということだ。これまで見えなかったのも、べつに相手が隠そうと思ってのことではない。心が曇っていただけなのだ。これを**「遍界《へんかい》曾《かつ》て蔵《かく》さず」**という。全的心に辿り着いてみれば、全てがはっきりすっきり、堂々と見えてくるではないかという讃歎こそ**「明歴歴《めいれきれき》　露《ろ》堂堂《どうどう》」**である。

ほかに**「如如」**とか**「如是」**というのも対象がありのままに見えている様子を示すが、言語で表現した途端にそのままではなくなる、という意味合いを込めて「如如」「如是」としか言わないのである。いわば**「自然法爾《じねんほうに》」**の禅的表現だろう。

### †曇った感覚器

ところでここでもう一度、我々が普段いかにいい加減に見たり聞いたりしているかを確認しておきたい。それは心が曇っているというより、すでに情報をとりいれる感覚器が曇っているからだと仏教は云うのである。

迷いの世界の因果関係は長年かかって「十二因縁」という形に整理された。ここで詳しい説明はしないが、一応順に書くと「無明《むみょう》→行《ぎょう》→識《しき》→名色《みょうしき》→六処《ろくしょ》→触《そく》→受《じゅ》→愛《あい》→取《しゅ》→有《う》→生《しょう》→老死《ろうし》」である。五番目にある「六処」（六種の感覚器）が整って我々は母胎を出る。しかしそれ以前の三番目、受胎したときの最初の一念とされる「識」が宿るまえに、我々は「行」によって方向づけられるという。「行」とは次の「識」を「どうしようもなくある方向に導く構成力」と考えられるが、つまり「六処」はとっくの昔に「行」によって染められているのである。

瞑想を深めることでこの「行」を滅尽せよと釈尊はおっしゃるのだが、凡夫である我々の感覚器は曇ったまま外界の情報に「触」れ、それを感「受」した結果「愛」と名づけられた執着をもち、それを「取」ってしまうのだ。ちなみに仏教で云う「愛」はこうした妄想を生みだす執着と考えられており、西洋的「愛」とは違うことに注意してほしい。まあ、注意したからといって何がどうなるってもんでもないが……。

曇った感覚に話を戻すが、たとえば眼だって全てを見てはいない。全てを見れるのは

「うすらぼんやり」だけであり、どこかに焦点を絞るということは大部分を見ないことにすることだ。記憶することはそれをさらに狭めることになる。同じ場面にいた人でも、片や洋服の色柄を記憶し、別な人は相手の表情ばかり記憶している、というようなことが起こる。それは両者の価値判断の基準が違うからであり、もっと言えばそれぞれの「行」の違いまで遡れるのだろう。

耳だって人は聞きたい音を聞いており、鼻の嗅いだ匂いに対しても佳い香りととるか嫌な匂いととるかは人それぞれである。

以前、眼・耳・鼻・舌・身・意の順で社会性が薄れると申しあげたが、別の言い方をすれば、これは学習や経験によって身につけた価値判断の影響を受けやすい順番でもある。だから匂いは音や景色よりはるかに本源的な自分につながるし、味や皮膚感覚はもっとも学習によって変化しにくい。つまり「行」の支配を免れにくいから、たとえば好きな人の作った料理は美味しく感じるのだし、同じように摩擦すれば誰がやっても気持ちいいということにはならないのである(あ、失礼しました)。

## †方便と本分

そのようなしぶとい「行」が滅尽されたあとに見える世界を、さっきから私はご紹介しているのである。それはもう夢のような世界であり、現実の生活でそれが続くことなどあり得ないと考えていいだろう。また十二因縁から判断すると、それは胎児の世界そのものでもないことになる。胎児もすでに「行」に染まっていると考えるのが仏教だからである。

ところで「お悟り」状態は現実には長続きしないと申しあげたが、それは我々の生活する現実は常になんらかの「場」であり、そこには常になんらかの価値判断が求められているからだ。私の師匠が「現実では悟りなんかあり得ない」とおっしゃるのはそのことだ。坐禅中は「無位」でいられても、ひとたび坐から立ち上がれば我々は常になんらかの「位」や「役」を生きているのである。

しかしそれでも、垣間見る程度ではあっても、なんの「場」でもなくなんの「位」もない自己に出逢った体験があるのとないのでは大きな違いなのだと思う。それは、現実を「**方便**《ほうべん》」と見る視線を獲得できるからだ。

私はけっして現実を軽く見て「方便」と言っているわけではない。ウソも方便などと言われ、方便の意味合いは変化して使われている気がするが、本来は梵語の「ウパーヤ」即ち「接近する」とか「到達する」意味で、真理に至る方法（道）のことだ。真理そのものは見たりつかんだりできないから、方便こそ我々の歩むことのできる実際的な道なのである。『法華経』でも「方便」の重要さは説かれるし、『大日経』には「方便を究竟《くぎょう》と為す」という言葉もある。方便こそ究極だというのである。

方便としての現実をどう暮らすのか、という問題については後に一章を設けてあるからゆずるけれど、ここでは「お悟り」が方便の世界ではなく**本分**の世界のことだと確認しておきたかったのである。

心理学には「本質自我」と「周辺自我」という言葉があるが、なんらかの属性を「周辺自我」と呼ぶのに対し、全ての属性（「位」や「役」や「所有物」）を離れた「本質自我」のイメージはいま一つはっきりしない。これを禅では「本分」と呼ぶのである。

禅語を使わずに表現するなら、それはもしかすると人類に九九・九九パーセントまで共通するといわれる遺伝子なのかもしれない。あるいは唯識仏教の云う「阿頼耶識《あらやしき》」が剝きだしになった状態かもしれないと思う。いずれにせよ、それはあなたの心でありながらあなたの心ではない。少なくともこうして読書するあなたが理知的に理解できるものでないことは申しあげておきたい。

あまりしつこく申しあげて気を悪くされると困るのでやめておくが、とにかく言葉は「**指月の指**」と心得て、あくまでも言葉という指の先の月という心を感じとっていただきたい。

## †再びお悟りのシャワー

探し求めるべき自己を牛に喩え、本来の自己に出逢うまでの修行の階梯を絵と文章で示した廓庵《かくあん》の『十牛図《じゅうぎゅうず》』という本がある。野生に戻ったような牛を見つけ、苦労して捕まえ、飼い慣らし、とうとう牛の背中に乗って笛など吹きながら家まで戻ってくるのだが、しばらくすると「**人牛倶忘**《にんぎゅうぐぼう》」(第八)という状態になる。つまり自分が本来の自己になりきってしまったため、それを捜していた自分のことも、何を捜していたのかも忘れてしまった状態である。『十牛図』ではそれが一円相で示される。これが「悟った心の表現」でいろいろに示した心である。

『十牛図』ではその後「**返本還源**《へんぼんげんげん》」という状態が描かれるが、これが「ありのままに見える」で述べた表現だと云えるだろう。つまり、見えているのは「眼が横について鼻は縦に

第一尋牛

第二見跡

第三見牛

第四得牛

第五牧牛

第六騎牛帰家

第七忘牛存人

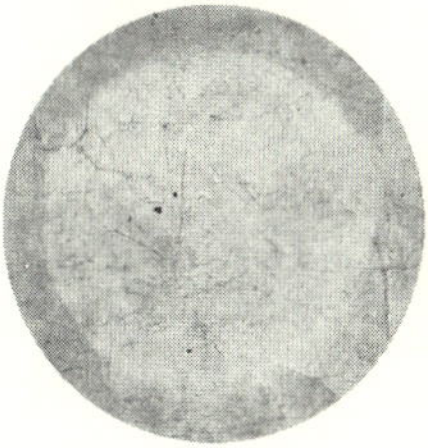
第八人牛俱忘

第九返本還源

第十入鄽垂手

伝周文筆「十牛図」
（相国寺蔵）

ついてる」というもともと知っていた光景であり、またまえから存在していたはずの月とか花とか立派な建物（楼台）なのだ。だから「本」に返り「源」に還ると表現されるのだが、それならどうして苦労して本来の自己捜しなどしたのかと思うかもしれない。しかしここでは、ようやくなんの先入観もなしに無心の心が対象を見ているのである。言ってみれば、すべてが見えた初めての体験でもあるだろう。

『無門関』で知られる無門慧開《むもんえかい》禅師は、その十九則の頌《じゅ》に謳う。「**春に百花あり、秋に月あり、夏に涼風あり、冬に雪あり、若《も》し閑事《かんじ》の心頭に挂《かか》る無くんば、便《すなわ》ち是れ人間の好時節**」。つまり心に引っかかる閑事（むだごと＝妄想）さえなければ、いつだって季節の風物は我々に福音を与えてくれるというのである。「好時節」と表現されるが、当然それは季節に関係なく心の在り方しだいでいつでも感じられるということだ。

「柳は緑　花は紅」の作者の蘇東坡居士は、返本還源の景色を次のように謳う。

**渓声《けいせい》便《すなわ》ち是《こ》れ広長舌《こうちょうぜつ》　山色《さんしき》豈《あに》清浄身《しょうじょうしん》にあらざらんや**

つまり悟ってみれば、谷川のせせらぎの音も「広長舌」の声のように聞こえるというのだが、「広長舌」というのは釈尊の能力をたたえるための特異な「三十二相」という身体的特徴の一つ。抜群の説法力を意味する。だから渓流の音も釈尊の説法として聞こえるし、山の景色もそのまま悟った人の清浄な身体に見えるというのである。「自然の分身」という言葉が短縮されて「自分」という言葉ができるのだが、ここでは分身というより大自然そのものになった自己を感じる。

道元禅師は同じことを和歌でうたう。

**峰の色谷の響きもみなながら　わが釈迦牟尼の声と姿と**

もうこうなると、大自然の全ての相から調和が感じられ、有難くて有難くて仕方ないのである。「**体露**《たいろ》**金風**《きんぷう》」という言葉もある。金風とは美しく紅葉した葉を散らす秋風のことだが、金風で煩悩が霧散してしまったので、すべてが露見しているというのだ。「露堂堂」と同じことだ。

## †仏と自己は一体？

　ところで釈迦牟尼などがでてきてしまうと、あまりに有難がらないように注意しなければならない。つまりこの心境では、自己と釈迦牟尼は一体であるから、それを外側に見て有難がっているわけではない。もっと言えば、達磨も臨済もその他の祖師たちもみな自己と一体なのである。その状態は『無門関』第一則では「**把手共行**《はしゆこうぎよう》」と云われる。「**同行**《どうぎよう》」も同じことだが、手を把《と》って共に行く相手はかつて自分と同じ悟りをひらいた大勢の祖師たちであり、けっして恋人とかではない。なお四国のお遍路さんたちは「同行二人」と書かれた笠をかぶるが、この場合の相手は空海さんに限定しているようだ。「二人」とか「共に」とかいうからなんだか外に相手がいるものと誤解しそうだが、これはもう無限大の自己が、無数の祖師たちを含んだ一人として実現しているといったほうが正鵠《せいこく》を射ている。

　聖なる存在はもう外側には存在しない。だから「廓然無聖」の状態である。なにか尊い存在が外側に見えたらそれは幻と判断される。それゆえ次のような極端な表現も禅は生みだすことになる。即ち『臨済録』に云う「**仏に逢っては仏を殺す**」というような言い方である。

考えようによっては、この仏も幻とは限らないのかもしれない。しかし自己がすでに仏なのだから、外側の仏は不要なのである。

だいぶ昔、坂口安吾が『日本文化論』のなかで仏像なんて壊してしまえと書いてブツギを醸したが、その言葉の真意も、尊い仏性が自己の内部にあるのだから、外部の拵《こしら》えものなど不要だということだろう。しかし仏性が目覚めきっていない凡夫にとっては、やはり自らの内部に眠る尊さを憶い起こす縁《よすが》が必要なのではないだろうか。

いやいや、凡夫のことに関わる話はここではするまい。なにしろ我々は悟ったと仮定してここまで来ているのだから。

話をさらに過激な表現に進めよう。

唐代の高僧馬祖道一禅師にあるとき弟子の法常が「いかなるか、是れ仏」と問いかけると、「**即心即仏**」と答え、それによって法常は悟ったとされているが、また別な機会にある僧が馬祖に同じ質問をすると、「**非心非仏**」と答えたという。

仏教の基本は「対機説法」。殊に禅僧の臨機応変ぶりは全くマニュアル化できない。もともとマニュアルなどという過去の集積は、生身の人間に向き合う場においては累々たる死骸にすぎない。だからこんな正反対の対応もあり得るわけだが、つまり法常と違って、この僧の心にまだ払拭されていないものがあったということだろう。馬祖は、僧が有難そうに思っている仏とその心とを、ばっさりと否定したのである。

『臨済録』には「金屑《きんせつ》貴しと雖《いえど》も、眼に入れば翳《えい》となる」とある。貴重で高価な黄金の屑でも、眼に入れば翳になる、つまり眼がかすんでしまうということだ。どんなに尊いものでも、自己と一体化しなければ禅では邪魔にされるだけなのである。

### †すべてを自己と日常に還元する

それにしても「無聖」といい「非仏」といい「仏を殺せ」とまで言う。こんな仏教、いや宗教がほかにあるだろうか。

中村元先生はその著『釈尊の生涯』のなかで、釈尊が説きつづけたのはあくまでも全ての人の歩むべき道についてであり、仏教という特定の宗教のことではなかったとおっしゃる。仏教という特定の宗教に仕立てたのは後世の経典作者たちだというのだ。そこに至って仏教以外の人々に対する「外道《げどう》」という言い方もでてくる。しかし釈尊自身はそうではなかった。臨終に、最後まで悟れなかった十大弟子のひとり、アーナンダに告げた「**自燈《じとう》**

明《みょう》　法燈明《ほうとうみょう》」。すなわち自らと法とを燈明とし拠り所にし、それ以外に依拠してはならないという釈尊の言葉も、中村先生は「自分が教団の指導者であるということをみずから否定している」と見るのである。あくまでも尊重すべきは自己と法、それも仏法ではなく世界を通貫する法則としての法であるから、それ以外のものを有難がって奉ることは釈尊の心にも反することになる。

そうなのかもしれない。我々は釈尊と同じ可能性をもっている。その自分をとことん信じなければならないのだろう。そして禅の開祖といわれる達磨さんだって、べつに禅宗という別宗を開こうとしたのではなく、釈尊から数えて二十八代目の仏教継承者として、仏教よ、根本に帰れと言いたかっただけなのだと思う。根本とは即ち、仏も聖なる存在もいなかった状態である。

歴史的人物としてのゴータマ・ブッダであれ、真理の象徴としての釈尊であれ、それは拝んで有難がる存在なのではなく、我々がいずれ追いつき、並んで歩むことになる仲間に過ぎないと、禅は主張したいのだ。

キリスト教など、ほかの宗教からすれば、おそらくこれは考えられない事態だろう。神さまは無論のこと、イエス・キリストやマリア様に対して否定的な言辞を弄するなどモッテノホカなはずである。

しかし禅はそうは考えない。何かを有難がって頼ったり拝んだりするのが宗教だとは思っていないから、禅僧の舌鋒はとことんまで鋭い。だから場合によっては禅は、とても不遜に映る。実際、悟ってもいないのにそうした言葉を吐けば不遜でしかないだろう。日蓮さんに「禅天魔《ぜんてんま》」と言われても仕方ないと思う。しかし禅が重視するのはあくまでも全き自由だから、自己の外側に存在するものは尊い姿であろうとも束縛でしかないのだ。

「いかなるか是れ仏」と問われた唐末の雲門《うんもん》禅師は「**乾屎《かんし》橛《けつ》**」と答えるが、これは用便後お尻を拭うヘラのことだ。最近は、いや、棒状の乾燥したクソそのものだ、というのが定説らしいが、いずれにしても「乾屎橛」とはいったいなんという表現だろう。しかし浄不浄などでっちあげた価値観であり、しかも真理は日常にしかないと分かれば、なんだって仏になり得る。それも尊そうな外側のものを否定するためのレトリックと見ていいだろう。

同じ質問に雲門和尚の弟子である洞山《とうざん》禅師は「**麻《ま》三斤《さんぎん》**」と答えた。これは麻衣を一人分作るための分量だとか、いやちょうど洞山禅師が胡麻（麻）を計っていたところに質問したのだとか、いろいろに推測されるが、いずれにしても普通の感覚では真面目に答えているとは思えないだろう。しかし彼らは大まじめなのである。

「いかなるか是《こ》れ祖師西来意《さいらいい》」という質問もある。つまり達磨さんがわざわざ西のほうからやってきて禅を広めたのはどういうことか、というのだが、犬の仏性問題で登場していただいたあの趙州和尚は、この質問に「**庭前《ていぜん》の柏樹子《はくじゅし》**」と答えている。おそらくは問答している場所から、日本では「コノテガシワ」と呼ばれる柏樹が見えたのだろう。それにしてもこれはどういう意味か。

目の前にあるものが先入観なしでありありと見えるためには達磨さんのおっしゃる「廓然無聖」の状態が必要だったわけだから、そのことを趙州和尚は告げているのかもしれない。しかし妙心寺開山の関山国師は「柏樹子の話《わ》に賊機《ぞくき》あり」と、盗賊のように油断ならない活き活きしたはたらきをこの問答に看取っているから、しょせん私などには及びもつかない意図があるのかもしれない。

しかしいずれにしてもこれらの問答から判るのは、禅が全ての問題を日常に還元しようとしていることではないだろうか。悟った心、即ち釈尊や達磨さんのような心で見れば、自己とその日常以外に奉るべき何者も存在しない。これこそが禅の、危険なほどの真骨頂なのである。

# 一物《いちもつ》不《ふ》将来《しょうらい》

一物も将《も》ち来らず

『趙州録《じょうしゅうろく》』

## 濯《すす》ぎが大事

### †見ることと現すこと

これまで申しあげたお悟りまでの経緯とそこで見えてくる風景について確認しておこう。まえに胎児のことを書いた。我々にいつ頃から心が芽生え、また自己が形成されるのかは難しいことだ。ある小児心理学の権威は、生後九カ月ころ、子供は他人にも心があることを発見すると書いているし、また人間どうしが触れあいをもとうとするのは生まれながらの性質であり、新生児にもそれは見られるとする学者さんもいる。しかしそうした心はともかく、禅が目のカタキにするでっちあげの「自己」は、一応二歳前後からできはじめると見ていいだろう。自己の輪郭は成長とともに補強されていく。そしてその輪郭を構成していくさまざまな価値観を、禅ではとにかく一旦ぶちこわすことが肝心だということだった。

その価値観とは、歴史認識であり、好き嫌いであり、あらゆる二元論による判断である。二元論からの脱却を西田先生は「絶対矛盾的自己同一」と表現したが、禅的には「**両忘**《りょうぼう》」あるいは「**両頭坐断**《りょうとうざだん》」とも云う。また『禅林世語集』には「**よしあしと葉を折り敷いて夕涼み**」なんていう句も見える。葦と蘆は同じ植物だけれど、とにかく蘆（悪し）だ葦（善し）だと呼び分けないで尻の下に敷いてしまったとき、ようやく心地よい涼風を感じるというのである。「**両頭共に坐断して八面清風起こる**」というのも同じように価値判断から解放された清々しさの表現だろう。

そのように「無一物」になった心には、ようやく全てがありのままに清々しく見えはじめる。もとの景色とべつにとりたてて変わるわけではないけれど、初めてあらゆる先入観なしに対象に接するという体験だった。

ところで「無一物」の心に出逢うことを達磨さんは「**見性**《けんしょう》**成仏**《じょうぶつ》」とおっしゃった。成仏は「仏に成る」と読んで間違いないが、では「見性」とは一体なんだろう。普通に読めば「性」を「見る」だから、「自性」とか「仏性」とか「法性」と呼ばれる自分の心を「見る」ことだろう。

しかし「見る」という行為の対象は外部にある。それではまだ中途半端だという話をついさっき申しあげたところだ。どんなに尊い存在でも、外部に存在するものは束縛なのだ、と。じゃあ「見」はどう読めばいいのだろう。

じつは「あらわす」と読むのである。「自性を現す」ことが見性。

「王偏」を補って読む「見」はほかにも多数ある。たとえばうちの寺にある江戸時代の掛け軸にも「見住福聚寺《ふくじゅうじ》第何世ダレソレ」という銘があるが、これも「現在の住職」「現住」のことだ。

また建長寺の開山であり、日本に本格的な坐禅修行を持ちこんだ最初の人である蘭渓道隆《らんけいどうりゅう》禅師は、弟子に示した法語のなかで、臨済禅師の言う「無位真人」を「見」よ、と書くのだが、これも本来『臨済録』では「看」の字で「看よ看よ」と書かれている部分だ。明らかに蘭渓道隆は、わざわざ「見」の字を使って「現」と読ませたいのだと思う。

それが証拠に、というと変だが、禅師はその法語のあとに、道元禅師の『正法眼蔵』五十六「見仏」の巻から、まるで反対のことを告げる二つのフレーズを並べて書きつける。一つは『金剛般若経』の「若《も》し諸相と非相とを見れば、即ち如来を見る」。もう一つは法眼文益《ほうげんぶんえき》の言葉とされる「若し諸相は非相なりと見れば、即ち如来を見ず」である。ここで諸相とはあらゆる現象である「色」、非相とはそれを実体ではないと見る「空」観と考えていいだろう。だから『正法眼蔵』では、後者の「**色即是空**」の見方に囚われず、それが反転する「**空即是色**」をも見据えたときに如来を見るのだと述べられる。

つまり原文では「見」と「不見」というだけの違いを、道元禅師は前半の「見諸相非相」の読み方を違えることで読みとった。おそらくそれが、正しい読み方なのかもしれない。しかし私には、もしかすると蘭渓道隆禅師は別な思いを込めたのではないかとも思える。

つまり前者の「見」を「あらわす」と読めば、二つの文はそのままで矛盾はなくなるのである。諸相非相をどう読もうと、それを見ることができれば自ら如来を「現ずる」のであり、そうなれば当然外側に如来は「見ない」。蘭渓道隆禅師の真意は分からないが、ともあれ釈迦でも達磨でも如来でも、見るのではなく自ら現ずるのが究極の悟りなのである。

### †誰でも悟れるのか

ところでこうした悟りは、誰もが達成できるものなのだろうか。

それについては古来いろんな意見がある。当初は人間すべてが悟れるわけではなく、だいたい三種類の人間がいるという考え方が一般的だった。それは「三乗」というのだが、

「声聞乗《しょうもんじょう》」「縁覚乗《えんがくじょう》」そして「菩薩乗《ぼさつじょう》」。つまり悟れるのは三つ目だけで「声聞乗」「縁覚乗」はそこまで行けず、初めから乗り物が別だという考え方が優勢だった。

ご存じの方もあるかと思うが、これは地獄・餓鬼・畜生・修羅・人間・天道という六道の上にくるもので、声聞・縁覚・菩薩・仏をあわせた「十界」のなかの三つだ。

声聞というのは、極めて現代的にいえば要するに理論派である。人から聞いたり本を読んで解るだけではお悟りではないというのだ。縁覚というのは実際の生活のなかでさまざまな縁に触れて自覚するということだから、経験論と云えると思う。しかしそれだけでも究極の悟りは得られないという。「三乗」思想の場合は、この理論派と経験論派が二種類の人間と考えられているところが面白いわけだが、究極の悟りは両者を合体させる素質をもった人間のものということになる。人間には初めからそうした区別があるというのである。

じつはこの問題に関しては、南都仏教の徳一《とくいつ》大師と平安新仏教の最澄が苛烈な論争を繰り広げた。徳一が今申しあげた「三乗」思想、最澄は『法華経』を典拠にした「一乗」思想を主張し、空海もそれに味方したのだった。「一乗」思想とは、どんな人でも仏になれるという考え方である。世間とすれば誰でも成仏できると言われたほうが嬉しいのは当然だから、いきおい最澄・空海を支持することになる。この論争も最終的には徳一の敗北に終わるのだが、実際どうなのかということは、おそらく論争の勝敗とは関係なく、今も個別に考えなくてはいけない問題なのかもしれない。徳一の誠実さがそうした結論を導いた部分もあるのだろうと思う。

しかし禅は、徹底して誰もが悟れるという立場をとる。いや、「現ずる」ことができるかどうかはともかく、誰にも仏になる可能性としての「仏性」はあるというのである。「**誰《た》が家にか明月清風なからん**」と謳うのは『碧巌録』だが、これもそうした「**悉《しっ》有《う》仏《ぶっ》性《しょう》**」（誰にも悉《ことごと》く仏性がある）の思想表現である。「**明珠在掌**」（明珠《みょうしゅ》は掌《たなごころ》に在り）という言葉も、場合によっては幸福が身近にあるという意味にもとれるが、みな仏性をもっているという意味でもある。

ところで、これまで我々凡夫という言い方を気楽にしてきたが、ここで一度お詫びしておきたい。あなたも私も、じつはいつか悟れるかもしれない。禅は強くそう主張しているのだった。ごめんなさい。

それにしても悟りなど関係なく幸せそうだったナムやタマが今更ながらに羨ましい。後ろ肢で耳をかいたり、いきなり自分のお尻を舐めてしまうタマのほうが「自由」なのではないか。そんなことを思ってしまうのはどうしたことだろう。この辺で、我々と彼らの根本的な違い、つまり彼らには悟れない、ということを、述べてしまおう。

### †「お悟り」も脳の働き？

これまでずいぶん中途半端に脳のことを書いてきた。まあ素人だし、中途半端は仕方ないのだが、じつは脳科学や心理学の研究者たちも禅のお悟り状態にはずいぶんまえから興味を示し、さまざまな研究をしてきたのである。

たとえば平井富雄氏の『禅と精神医学』や秋山義治氏の『禅と心理学』など。禅定《ぜんじよう》状態が深まるにつれて脳波が $\alpha$ 波から $\theta$ 波に移行したり、なかには老師と呼ばれる人々の書く墨跡の墨の粒子が、ふつうでは考えられないほど均等に美しく並ぶ、なんてことを顕微鏡を使って証拠だてた研究者もいた。また斎藤稔正氏のように、お悟りの瞬間に生起する心理的メカニズムを、数学のカタストロフィ（破局）理論で解釈する人までいる。

しかしいずれにしても、彼らがまじめに「お悟り」状態を研究対象にしたのは、それが心理学的にであれ脳科学的にであれ、明らかに主観的にリアルに体験される状態だと認識してのことだろう。

人間の体験というのはいつだって主観的なわけだが、それはつまり脳の活動による認識だということでもある。感覚も情動も、美的感覚も言語表現も、すべては脳の活動成果であったはずである。それなら、「お悟り」というのも、じつは脳機能の特定の活動状態として説明できるのではないか。そう考える人が出てくるのも当然のことだろう。つまり、主観を客観的に見てやろうということだ。

近年は、MRIとかSPECT装置など、特定状態における脳内の血流を調べる器具が著しく発達してきた。そのお陰もあって脳の機能局在性に関しての研究は格段の進歩を遂げたといえるだろう。そうした流れのなかで、アメリカの研究グループがユニークな研究成果を発表しているのでご紹介したい。

ペンシルヴェニア大学で医学部と宗教学部の双方で教鞭をとるアンドリュー・ニューバーグ氏、同大学の精神医学部のユージーン・ダギリ氏の共同研究なのだが、彼らはその成果をフリー・ライターのヴィンス・ローズ氏とともに『脳はいかにして〈神〉を見るか』という本として出版している（邦訳、PHP研究所、二〇〇三年三月）。

神を見ることに限らず、そこでは東西の瞑想状態が脳機能の活性部位と非活性部位を調べることで分析されているのだが、その分析結果はじつに面白い。

こんなことを書くと、まるで「お悟り」が特殊な脳の状態によって引き起こされる幻覚にすぎないと言っているように聞こえるかもしれないが、それは違う。むしろ逆に、「お悟り」といえども脳が特殊な状態になることで意識の変容が起こり、それによって感じられるリアリティだということだ。どう転んでも我々は、おそらく脳を通さないリアリティなど感じることができないわけだが、そこでは「お悟り」という現象も科学的に説明されつつあるということなのである。脳が感じるリアリティに現実と幻覚の区別はないような気もするが、彼らはご丁寧にも、そうした神秘体験が夢や幻覚とちがって時間がたっても薄れないことにまで言及している。

「お悟り」を脳機能から説明することに、抵抗を感じる禅僧は多いだろうと思う。しかしそれが明らかに実感したリアルな体験だというなら、むしろ表現する方法が増えることを喜ぶべきではないだろうか。そしてその上で、それでも言語表現できないことに自信をもつべきだろう。

今やそうしたアプローチでもある程度の証拠が見つかるほどに、「お悟り」とは誰の目にも明らかな現象として認知されてきたのかもしれない。

むろん物理学者のデビッド・ボームのように、「明在系」という眼に見える宇宙と「暗在系」という眼に見えない宇宙を想定し、自他の区別も時間も空間もエネルギーとして混在していると云われる暗在系を認識することこそ「お悟り」なのだと考えることもできる。しかし外部にそうした世界を認めるにしても、それをリアルに感じる感覚器は我々の五官にはないのだから、彼らの提出した脳内変化の測定は重要である。我々がリアルにそう感じるためにはそのような脳内の状況変化がある、ということは、おそらく生きているあいだに限れば間違いないことなのである。

しばらく、「変性意識」としての「お悟り」におつきあいいただきたい。

### †自己という空間的認識

ここでは、彼らの研究成果を極めて簡略にまとめることをお許しいただきたい。

これまで私は、自己の輪郭を、捏造された独特の時間認識や価値判断という側面から述べた。しかし自己というのは、さらにそのような自己が「ここに」存在しているという意識によって支えられていると云えるだろう。小難しくいえば、常に自己を世界に位置づけている脳機能があるということだ。

彼らはその機能を担った部分を「方向定位連合野」と名づけたが、それはちょうど頭のてっぺんのやや後方、専門的には上頭頂葉後部とよばれる部分にあたる。その辺りの血流が、深い瞑想状態では著しく低下することを、彼らは検証しているのである。

簡単に言えば、「ここはどこ？　私は誰？」という自己認識の後ろ盾であるその部分に、情報が入力されない状況になるというのだ。彼らはその状況を「求心路遮断《きゅうしんろしゃだん》」と命名したが、「お悟り」状態ではその「方向定位連合野」への入力情報が極端に減少するという。

これはいったい何を意味するのか。

彼らの言葉を引用すれば、この状態で脳が知覚する神経学的リアリティは、「万物は隔てなく一つであり、空間の感覚も、時間の経過の感覚もない。自己とそれ以外の世界との間に境界はない。そもそも、主観的な自己というものがなく、絶対的な合一の感覚だけがある。思想もなく、言葉もなく、感覚もない。心に自我はなく、純粋な、未分化の気づきとして存在している」というのである。

どう思われただろうか。

まえに、自己意識は前頭連合野で形成されると申しあげたが、脳ぜんたいの活動が統合・制御されるのがその部分だということだ。「意志」や「自己制御」などにも関わっているとされる。しかし以上述べたような状態では、自己意識そのものが存在できなくなるらしい。

彼らのいう「方向定位連合野」は大脳皮質の左右半球にわたっているわけだが、右脳部分では自己が存在する物理的空間の感覚が作られ、左脳部分ではそれを感じる身体的自己そのものが認識される。しかしこの両方に全く情報が行かない状況では、それを統合する前頭連合野もなすすべなく「うすらぼんやり」するしかないということだろう。こうなるとさすがの前頭連合野も自己などかまっていられない。「絶対的な無限という主観的な感覚を生成し、心はこれを、無限に広がる空間と永遠に続く時間、あるいは、時間も空間もない空虚として解釈するだろう」。彼らはそう推論するのである。

まるで『荘子』の「**万物斉同**《ばんぶつせいどう》」の思想、一切の存在が究極的に一つである世界を憶いださせる描写ではないだろうか。

### †絶対的一者

面白いことに、彼らは瞑想の果てに感じるこのリアリティを「絶対的一者」と名づけた。面白いというのはそれがギリシャの哲学者であるプロティノスの「一者」に通じるからというだけでなく、「不二」あるいは「絶対矛盾的自己同一」をも憶いださせるではないか。

彼らが「絶対的一者」と名づけるのは主に東洋の伝統的な神秘主義における合一体験であり、むろんそこには禅における「お悟り」も含まれる。「**虚心**」「**涅槃**《ねはん》」「**梵我**《ぼんが》**一如**《いちにょ》」「**道**」

なども呼ばれるのも同じ事態だというのも、アメリカ人である彼らの本に書かれていることだ。

もっと面白いのは、なにより「絶対的一者」と呼ばれるその事態ではなんらかの「一者」さえ残ってはいないということだ。便宜上なんとか名づけなければならないから「一者」と名づけたが、そこには観察の主体も客体もないため、その場で観察することはむろん無理だし、ただ名づけ得ないリアルな命の本質だけという状況なのだろう。むろんそれが、これまで何度か申し上げてきた「自性（清浄心）、仏性、仏心、法性、真如、実相、本来の面目、本地の風光、本分の田地、無心」などと同義であることは言を俟《ま》たない。

ただお断りしておきたいのは、「言を俟たない」なんてキッパリ言っているのは私なのであり、べつに科学的にそれが証明されたということではないということだ。ついでに申しあげると、彼らの研究は私にはこの上なく面白かったが、多分に大胆な仮説・推論も含んでいるだろう。それは私の前頭連合野も感じたことだ。

それにしても、前頭連合野などという立派なものがないから「猫の額」は狭いのかもしれないが、人間の額の奥では大変な活動が行われていたことに今更ながら驚く。私のように剃髪しているとタマやナムのように額と頭の区別がつかないが、私にはちゃんと額があり、彼らの額のように見えるのは、じつは単なる動物脳の蓋の、なだらかな隆起にすぎないのである。

### †神を見るか、宇宙に溶けるか

ところで彼らの主張でさらに面白かったのは、そうした東洋的瞑想で得られる「絶対的一者」を、カソリックの修道僧などが「イエスとの交わり」と呼ぶ状態と区別して述べることだ。「神との合一」体験の場合もそうだが、そこにはまだ知覚できる「一」が残っているというのである。

いや、そもそも彼らは、方向定位連合野への求心路遮断（情報入力停止）を起こすための瞑想の技術を、二つに分けて考える。一つは心からすべての思念（妄想）を追いだそうとするアプローチであり、これが「受動的アプローチ」と呼ばれている。通常の仏教的瞑想、また坐禅もこれに入る。しかし彼らはもう一つ、マントラや経典の一節などを利用して心の焦点を絞り込んだりするタイプを「能動的アプローチ」として設定するのである。

カソリックの瞑想はむろん「神」や「イエス」のイメージに集中していくわけだからこちらになる。公案をつかう臨済宗の坐禅の初期状態もこちらなのだろう。

この「能動的アプローチ」によって達成される状況を彼らは「神秘的合一」と表現し、「絶対的一者」と区別する。言葉そのものは似たような感じがするが、要は一つのイメージに収斂していくか、その一つもなくなってしまうかという大きな違いである。神を見るか、宇宙に溶けるか、という言い方も可能だろう。

むろん両者は、宗教的な理由で区別されるのではない。あくまでも脳内の神経学的な活動の違いからということなのだが、ここで「イエス」のイメージに集中する瞑想と、公案(禅問答の問題)を使わない通常の坐禅とを比較してみたい。

まずは坐禅について、ごく簡単にいうと、「雑念(妄想)をはらう」という意識によって右脳の「意志の座」である前頭連合野が活動しはじめる。詳しいことは省くが、それによって普段は無意識なはたらきに任されている自律神経系が抑制的にはたらきだすわけだが、瞑想が深まり、しかも雑念をはらう努力が継続していくと、抑制機能はやがて限界に達し、どうもそのとき神経学的な「決壊」が起き、興奮系まで一緒に活性化してしまうらしい。そして急激に入力情報が遮断されるというのだ。

これによって生じるのが、さっき述べた「絶対的一者」の感覚であり、禅の「三昧」、あるいは「お悟り」状態ということになる。

一方の「能動的アプローチ」、つまりイエスなどのイメージに集中していく瞑想の場合は、まず自律神経の興奮に導かれて瞑想が進むわけだが、やがて同様の決壊が起きて抑制系まで目覚め、左脳ではさっきと同じように自己の感覚が曖昧になる。しかし、右脳部分で起こることはちょっと違う。

もともと右脳の前頭連合野が方向定位連合野にはたらきかけ、イエスのイメージに集中させようとしていたわけだが、活動が最高レベルに達して集中力を増した前頭連合野は、イエス以外のイメージを方向定位連合野に与えず、しかもいっそう強くそのイメージへの集中を迫る。右脳の方向定位連合野はなんとか自己の空間的位置づけを確立しようとしてはたらきつづけるが、いかんせん空間のイメージを作る材料がイエスのイメージしかないため、やがて心の集中が増すにつれてイエスのイメージが拡大し、ついにはイエスがリアリティの全てだと感じるようになる。

これが「神秘的合一」と呼ばれる事態である。

だから公案に集中していく臨済禅の入り口はおそらくこちらのタイプであり、「**只管打**《しかんた》

坐《ざ》」つまりひたすら妄想を排して坐れという曹洞禅は前者だと思える。しかし臨済禅にしても最後まで公案を抱え込んでいるわけではないから、総体としての禅はむろん「絶対的一者」のほうである。

## †脳外無法

ながながと、私自身には実感の伴わない脳の中の表現を連ねてきたが、それはこれから後に書くことを申しあげたかったからだ。

世にはさまざまな宗教があり、さまざまな人格神がいる。そしてその数以上の瞑想の種類があるといっていいだろう。

もともと神やイエスこそが絶対的なリアリティと信じる人々と、人格神を奉じない仏教とでは、同じ事態に対しても解釈は違ってくるだろう。なぜなら「絶対的一者」にしても「神秘的合一」にしても、いずれ観察すべき自己はすでに存在しないため、戻ってきた自己による事後解釈にならざるを得ないからだ。

しかし彼ら研究者たちは、綿密な比較検討の末にとても大胆な結論に達する。つまり人格神と合一する「神秘的合一」体験は、神経生物学的に見れば不完全な超越状態から生じているのではないか、というのだ。彼らの本から引用してみよう。「皮肉なことに、超越の過程が論理的・神経生物学的な極点に達すると、心は絶対的・徹底的な合一状態に直面する。合一状態において、真実をめぐるあらゆる解釈、あらゆる対立、あらゆる矛盾は、融和的で完全な『一なるもの』の中に解消する」。つまりそこにおいては「一」さえも霧消し、「絶対的一者」になるのである。

彼らは自信をもってこう宣言する。「超越体験の神経学には、少なく見積もっても、あらゆる宗教を融和に導く生物学的な枠組みを提供する力がある」。ということはつまり、「すべての宗教は、一つのスピリチュアルな木から突き出した枝」であり、さまざまな人格神は、大いなる光ぜんたいに気づかず、窓から射し込む光だけに名前をつけているようなものではないか、というのである。

多神教から一神教に進歩したのだと、欧米渡来の社会学や民俗学、宗教学は述べる。しかし脳という複雑な集合体の機能発現状況として見ると、一神教でもまだ中途半端だということだ。

もしかすると、この結論を申しあげたくて、私は脳の話をながながしてきたのかもしれない。しかしそれだけじゃなく、我々にとって、脳の主観を無視した「ありのまま」などおそらくあり得ない。そうであるなら、これまで「心外無法」と申しあげてきたことは、「脳外無法」でもあるのかもしれない。

それにしても、ヒトを過剰なほどに自己中心的にさせている脳に、こうした自己超越の機能がそなわっていることは無性に嬉しい。先にも申しあげたが、歴史認識や好き嫌いほかの価値判断という煩悩が、菩提へ赴くためのガソリンだというのは、このことを指しているのではないだろうか。もしも禅的な脳の使い方というのがあるとするなら、それはヒト脳の機能を全開にすることであるような気がする。意識が無意識をも意識するというのは、前頭連合野が自律神経をもコントロールする、この「絶対的一者」という事態を念頭におくことではないだろうか。

## †脳機能としての煩悩

またまた無節操と思われるかもしれないが、もう少し彼らの研究成果を使わせていただいちゃおう。

人間は、脳機能が発達したために「死への不安」をはじめとする実存的不安を感じるようになったのだろう。しかしそれゆえにこそ、つまりそうした脳機能の発達があったからこそ、「お悟り」と呼ばれるような賜《たまもの》も賦与されたのではないだろうか。

禅で妄想と呼ばれる思考のほとんどは、考えてみればヒト脳独特の優れた機能に由来する。瞬時に各部位が連携し、常に横断的・総合的にはたらく脳機能を分類整理することは難しいが、彼らは次のような観点からそれを試みた。つまり「ヒトが『人間』らしいやり方で世界について思いをめぐらせ、世界を感じ、経験するため」の心の機能法である。これは脳の各種の機能が、人間らしい心を作りだすときの癖と見ることも可能だろう。

むろんそれは、妄想を作りだす煩悩として捉えることもできるわけだが、煩悩をより深く理解するためにも、彼らの分類したヒト脳の癖を紹介しよう。ただここでは、少しだけ表現を変えてあることをお断りしておきたい。ちなみにカッコ内に補足したのは私のクセで、つい書いてしまった同じ機能の煩悩としての側面である。

①全体視機能（イッショクタに見ちゃう）

これは木を見て森を感じる能力。右脳の頭頂領域の活動から生じている可能性が大きいとされるが、ヘタをすると「針小棒大」にも見かねない。ひょっとすると「坊主憎けりゃ袈裟まで憎い」にも関わっているか？　印象や先入観だけで思い込むと、煩悩になる。

②還元視機能（細部ばかり気にする）

これは全体を構成要素に分けて理解する能力。左脳の分析的な活動から生じるとされる。むろんヘタをすると「木を見て森を見ず」になる。重箱の隅まできちんと食べるのは誉められることだが、重箱の隅ばかりつつくと煩悩になる。もしかするとフェティシズムは、この機能のせい？

③抽象機能（概念に溺れて具体を見ない）

個々の知覚をもとに一般的な概念を作りだす機能。左脳の頭頂葉機能から生じると考えられているが、これなしにはあらゆる科学も哲学も政治理念も生まれなかっただろう。しかし具体的な事物に向き合ったときには「そのもの」を見る障害になることもある。生きた具体はつねに概念には収まりきれない。

④定量機能（数えたり計ったりして、もっと欲しがる）

具体的な事物から量を抽出したり順番に並べたりする機能。この能力は遺伝子に組み込まれており、その初期発現は一歳未満と考えられる。「敵はどのくらいいるか」というような重要な認識も導くが、すべての争いの根源である「比較」にも関わっている。辺縁系と連携して「もっと欲しい」と思うのもそのせい？

⑤因果特定機能（ご褒美を期待しちゃう）

これは、世界に物語を読みとる、あるいは世界を因果関係の連なりとして捉える機能。これなくしては瞬間瞬間がまとまった流れとしては認識できず、歴史認識ばかりでなく科学も宗教も生まれなかったに違いない。しかし我々には因果のすべてを読みとることはできないから、ここで読みとられた因果をも禅は妄想として斬る。今を我慢してすごし、あとでご褒美を期待してしまう煩悩にも関係するだろう。

⑥二項対立判断機能（つい比べちゃう）

複雑に入り組んだこの世界を「上」「下」、「内」「外」などの一対の概念に分解して理解する能力。これは下頭頂葉の活動から生じていると考えられているが、物事の比較には④の定量機能とともに重要な役割を果たす。「……ではない」という判断も、この機能あってのものだろう。しかしこれまでもしつこく述べたように、こうした相対判断はあくまでも人間が自信をもってこの世界を動きまわるための便宜上のものにすぎない。ときには比較できない本質を隠してしまう妄想になるのである。

⑦実存認知機能（大袈裟に考えたり簡単にあきらめたりする）

これは簡単に言ってしまえば、不思議を感じる能力かもしれない。この世に起こることと起こり得ないことを、我々は夥《おびただ》しい情報から総合的に判断している。さまざまな感覚情報に、最終的に現実感や存在感を与えるのはこの機能だろう。情動のはたらきも大きいと考えられるから、一部は大脳辺縁系に位置し、感覚連合野の機能も一部利用していると彼らは推察している。「死」を想定できることにも、また「死にたい」という衝動にも関係しているのではないだろうか。

⑧情緒的価値判断機能（感情にとらわれる）

これまでの七つもすべてヒトの生存確率を高め、人間らしい世界認識を成立させるための機能だったわけだが、それはいわば脳が知覚した内容を解釈するだけで、情緒的な判断は含まれていなかった。しかし人間が最もロボットと違うのは、喜怒哀楽や恐怖、生きることへの意欲など、情緒によって行動が動機づけられる点ではないだろうか。友人を求めたり配偶者を欲したり子供を愛したりという、いわば人間社会そのものを成り立たせている脳機能といってもいい。この機能によって我々は、生きることへの情熱さえも持ってしまうのだ。しかしこの最も人間らしい機能こそ、多くの煩悩の根源でもある。ほかの七つの機能とも連携しながら、我々は僻んだり妬んだり悲しがったり憎んだりもするのである。

なんだか話が広がってしまったようだが、我々はつまりヒト脳という複雑に進歩した脳機能から、人間らしい生き甲斐と同時に、ややこしい煩悩も享受しているということだろう。

禅定の体験によって「絶対的一者」を感じることは、進歩した脳機能をフルに生かすことでもある。だから禅は、「絶対的一者」こそが最高の自由だと確信し、さまざまな言葉でその状態を讃歎するのである。

脳機能から見ると、「お悟り」とはもしかすると①〜⑧の機能がほとんど働いていない状況なのかもしれない。現実生活ではお悟りなどありゃせんわい、とおっしゃる老師の真意はそういうことだろう。つまり①〜⑧がうまく機能して初めて、ヒトは人間らしく賢く現実を生きることができるのだと思う。

## †お悟りは生活の役に立たない？

だとすれば「お悟り」は、生活の役に立たない？

そうなのだ。「お悟り」状態でその辺にいられたら、じつは邪魔になるだけなのである。

しかしそうは言っても、ヒトは「お悟り」という脳機能の限界まで体験すれば、現実的な脳機能のそれぞれをもっと意識的に使うことができるはずである。いわば「方便」の自覚である。むしろ禅にとっては、そうした自覚をもって送られる日常生活のほうが大切だといってもいい。

次章は「日常をどう生きるか」という観点で書いてみたいが、そのまえにもう一度だけ、どうしても「絶対的一者」になりきれず、抜きがたく捕まりやすい煩悩をチェックしておきたい。

## †一物不将来

これは見出しに掲げた言葉だが、まずは次の問答を黙って読んでみていただきたい。趙州和尚と厳陽尊者とのやりとりである。

厳陽「一物不将来の時いかん」
趙州「**放下著**《ほうげじやく》」
厳陽「已《すで》に是れ一物不将来、這《こ》の什麼《なに》をか放下《ほうげ》せん」
趙州「恁麼《いんも》ならば則ち担取《たんしゆ》し去れ」

これで「解った」というならもう完璧だが、一応意訳してみよう。

厳陽「私は一物も持っておらず、心も無一物の状態なのですが、さあてどうしたもんでしょう」

趙州「捨て去ってしまえ」

厳陽「捨てるったって老師、私はもう一物も持ってないって申しあげてるじゃないですか。いったい何を捨てるんですか」

趙州「それなら担いでゆけ」

お解りだろうか。趙州和尚は何を担いでゆけと言ってるのか。

答えは、「一物不将来」という意識なのである。

妄想を払うことは洗濯に似ている。煩悩の汚れを落とすのは大事なことだが、濯ぎこそもっと大事なのである。「無一物」状態であっても、「無一物」という意識が残っていたら石鹸臭い。それこそ「鼻につく」というものだ。そんな臭い意識を、担いで持って帰れと、趙州は言っているのである。

仏教では「**空亦復空**《くうやくぶくう》」というが、「空」という意識もなくならないと本物の「空」ではなく、「絶対的一者」ではないというのだ。

なにもそうした意識とイエスや神さまのイメージを一緒にするつもりはないが、超越体験が不完全だとそうした意識が残る。それはニューバーグ博士らの神経生物学的なアプローチからも導かれた結論だったはずである。

### †さて現実は……

これで一応「**本来の面目**」とか「**不二**」なる「**無心**」といわれる「お悟り」状態への旅は終わった。この旅が「**往相**《おうそう》」と云われるものだが、ここから我々は当然のことながら現実に戻ってこなくてはならない。その帰り道は「**還相**《げんそう》」と呼ばれ、さらに重要なのである。「**本分**」を知ったあとの「**妙用**《みようゆう》」ともいえるだろう。「**方便**」が理想的に行じられるのが「妙用」ということだ。現実の具体的な場面でこそ「お悟り」が活かされなくてはならないのである。

それにしても、普通はそんなふうに往きと還りにきっぱり分けられるものではないだろう。諸縁を放下して道場で暮らすからそんな贅沢が言えるのである。通常の社会生活を送る人にとっては、おそらく「本分」と「妙用」の世界はごちゃごちゃに体験されているのではないだろうか。それを禅では「**明**《みよう》」「**暗**《あん》」と表現する。「明」は絶対平等の本分つまり「お悟り」の世界、「暗」は現実の差別方便の世界である（この逆、つまり明が目に見える現象の世界、暗が眼に見えない平等の世界と規定されることも多いが、私としては六祖慧能に従い、基本的には明を無明と対極のお悟りの世界と見たい）。臨済禅師と交遊のあった普化《ふけ》を開祖とする普化宗の虚無僧《こむそう》の、看板袋に書いてある「明暗」はその意味だ。「**明頭来明頭打**《みようとうらいみようとうだ》　**暗**《あん》**頭来暗頭打**《とうらいあんとうだ》」、つまり相手が明の世界でくれば明でやってのけ、暗でくれば暗でお相手するというのだ。だからこそ現実は大変なのである。

　戻り道に差しかかると空の雲の意味も変わってくる。往相では月という仏性を隠す雲はひたすら煩悩という意味だったが、還相に現れる雲はなんの妨げにもならない。そして大抵その雲は白い。陶淵明の「**雲無心にして岫**《しゆう》**を出づ**」もそうした心境を表現する禅語として使われる。ちなみに岫とは、古代中国で雲がそこから出てくると考えられていた山腹の穴である。「**白雲自ずから去来す**」「**白雲自ずから白雲**」なども無心無我の悠々たる境地といえるだろう。

ところですっかりナムやタマのことを忘れていた。

捜しにいってみるとナムは小屋の前で両手に顎《あご》をのせて寝ており、呼ぶとこっちを振り向いたが、タマは池の縁でぼんやり水面を眺めていて、呼んでも振り向かず、片方の耳をピクリと動かしただけだった。

私はさっきの脳機能のことを憶いだし、タマの態度には不満を覚えながらも、しばらく「あいつら悠々たる雲なんて認知できないんだろうなあ」と優越感に浸っていた。しかしよく考えると、彼らは「お悟り」も知らないかわり、「退屈」も「死の不安」も「苦悩」も知らないのだった。一瞬また羨ましさがもたげたのは確かだ。しかしそれでも私は、人間の素晴らしさはこれからあとのことなのだと思い直した。「行住坐臥《ぎょうじゅうざが》、運水搬柴《うんすいはんさい》、悉《ことごと》く仏作仏行《ぶっさぶつぎょう》」なんて言ってもお前らには解らないだろうなあと、また優越感を回復したのである。

調子にのって第三章に進んでしまおう。

# 三、日常をどう生きるか

# 因果をどう受けとめるか

## 日日是好日《にちにちこれこうにち》

『雲門広録《うんもんこうろく》』

### †独立した瞬間との新鮮な出逢い

さて「お悟り」をひらいて日常に戻ってみると、なかなかに大変な日々が待っている。現実は、思うようにならない「苦」に満ちていると、お釈迦さまもおっしゃった。

しかしお悟りをひらいたからにはこれまでとは何か違うはずである。どう違うのか。その辺のところを唐末の雲門禅師が弟子たちに向かって訊く。「十五日以前は汝に問わず、十五日以後一句を言いもち来たれ」。

十五日というのは九十日間集中的に修行する期間（制中）があけて解制になる日。これが日本の「藪入り」のモデルにもなり、お盆の起源にも関係するわけだが、ともかくその日までにお悟りをひらいただろうから、以前のことは問わないから悟ったあとの心境をもって来なさい。雲門禅師はそう言っているのである。しかし弟子は誰ひとり答えられなかったので、雲門は自ら答えてしまう。「**日日是好日**」。

これは一体どういうことだろう。

英語では普通「Day by day, it's a good day」と訳される。来る日も来る日も、佳《よ》い日だというわけだが、むろん毎日天気がいいというわけでもないし毎日ラッキーなことが起こりつづけるわけでもない。そんなことなら、べつに悟らなくても思うことだ。ここで言われるgoodは、決してbadの反対語ではないことに注意しなくてはならない。いわば絶対的なgoodなのである。

つまり雨の日も、雪の日も、嵐の日も、「佳い雨の日」「佳い雪の日」「佳い嵐の日」なのである。もっと言えば、大雨で床下浸水したり、大雪で会社に行けなかったり、嵐で電車が停まったりするわけだが、それも「佳い床下浸水の日」であり、「佳い出勤できない日」であり、「佳い電車が停まった日」でなくてはならない。お解りだろうか。

悟っていない凡夫は、一日を独立した日として見ることができない。だから明日に続く今日であり、昨日の延長としての今日になる。以前に申し上げた歴史認識というやつだが、前章の脳機能から見れば、凡夫はすぐに④の定量機能とか⑤の因果特定機能がはたらきだす。つまり「もう三日も雨だ」と思い「これじゃ田植えが遅れる」と思い、さらには⑧の情緒的価値判断機能や③の抽象機能まではたらいて、「憂鬱」になって、「今年は不作かもしれない」と将来まで悲観してしまうのである。

人間である以上これらヒト脳の機能がまったくはたらかないことはあり得ないが、だからこそ意識的に一日という時間の独立性を想うのである。昨日が雨だったことと今日が雨であることは基本的に関係ない。昨日と関係なく新しい一日に出逢ったのだから、それが雨であろうと嵐であろうとみな新鮮で佳い日なのである。

以前、マーチンという友人がお粥に牛乳を入れるのを毎朝笑う和尚さんの話を書いたが、それも同じことだ。昨日に今日を積み重ねない。大袈裟にいえば歴史にしないということだろう。だから毎朝初心で向き合えるのである。むろんこれは、坐禅によって経験した「永遠のような今」の影響であることは言うまでもない。

本当は、一時間前と今との関係もそうだ。通常我々は、一時間まえに喧嘩すれば、今が曇っていても仕方ないと思ってしまう。勝手な因果でそれを必然化して考えるのである。しかし、本来あらゆる瞬間は独立していると禅は考える。これは因果を認めないというのではなく、すべての因果を看取ることは不可能だから、それなら、ということで因果を意識的に無視するという高度なやり方なのである。
こうなってくると因果について、ちゃんと話しておかなければならないだろう。

### †因果に落ちず、今を楽しむ

網の目のような因果は所詮すべて看取ることはできないから、意識的に無視すると申しあげたが、この考え方は「**不落因果**」と呼ばれる。

これは別な言い方をすれば、果報を将来に期待しない、ということだ。たとえば今、上司に言われて嫌々残業とかコピーとりなどをしていたとする。そして「こうして言われたとおり我慢してやっていれば、そのうち上司も認めてくれていいこともあるだろう」などと自分を納得させたとしても、そんな虫のいい果報を期待してはいけないと、禅は考える。明日、交通事故で死ぬかもしれないし、大地震がきて会社が潰れてしまうかもしれないではないか。だから将来に果報を期待するのではなく、今という時間から果報もすべて得てしまえ、というのである。それはつまり、「今」を最大限に楽しむということでもある。

江戸時代の白隠禅師は現在の臨済宗の総元締めのような方だが、禅師はそのことを「**因果一如**《いちにょ》」と表現された。たとえば善因善果というけれど、もともと善悪の判断じたいが人間の勝手なものだし、結果なんていつどこに顕れるか分からないのだから、そんなものを期待して「今」という時間を殺すな。因でもあり、同時に果でもある瞬間として「今」を味わいつくせとおっしゃるのである。我慢して時を過ごすのは時間の殺生であり、禅ではそれも重大な殺生と考える。

もっと言えば、楽しめないならおやめなさい、ということだろう。**「遊戯《ゆげ》三昧《ざんまい》」**ともいうが、それは「今」に最大限没入して楽しみつくしている状態だろう。むろんそう言われても現実には楽しいことばかり選んでするわけにはいかないだろう。だから「楽しいことをする」のではなく、「することを楽しむ」と、禅では発想する。楽しみ、遊んでいる時間は因果で未来につなげる必要がないから、「因果に落ちず」と云われるのである。

そういう時間は積み重ねることができない。だから禅は、終着のない「道」なのである。

**†因果を昧《くら》まさない**

しかし因果あるいは縁起の考え方は、釈尊以来の伝統的思考である。苦しみにも必ず原因があるから、それは消滅できると主張したのも釈尊であった。因果律というのは、いわば釈尊によって広められた極めて科学的な思考法だといえるだろう。むろん禅もそれを否定するわけではない。だから、因果のすべては見えないから意識的に無視するといっても、それだけでは済まない。

前節の「不落因果」も、「不昧因果」も、じつは『無門関』という本の「百丈野狐《ひゃくじょうやこ》」にでてくる言葉だ。

百丈山に住む百丈和尚という人は、現在まで影響する臨済宗の道場生活の在り方を定めた『百丈清規《ひゃくじょうしんぎ》』を創案された方でもあるが、この方が道場で説法しているといつも必ずやってくる老人がいたという。あるときその老人だけが居残ったのでどうしたのか訊ねると、老人は「私はじつは人間ではなく、狐なのです」と言い、自分は以前この百丈山で住職をしていたのだが、一人の雲水（修行僧）が「修行の仕上がった人でも因果に落ちるのでしょうか」と訊くので、「**不落因果**」と答えたところ、五百回も生まれ変わって狐になってしまったと言う。老人はなんとか助けてほしいと百丈和尚に頼み、その雲水から受けたのと同じ質問を百丈和尚にするのだった。

「悟りを開いた人でも因果に落ちることはあるのでしょうか」

その質問に百丈は「**不昧因果**《ふまいいんが》」（因果を昧《くら》まさず）と答え、それを聞いた老人はすぐさま悟り、野狐の身から脱することができたらしい。正しい師匠につかず独りで修行する人、またその禅を「**野狐禅**《やこぜん》」などと呼ぶが、そこにはこんなハメになる危険もあるということだろう。

それにしてもいろいろ考えてしまう話だ。ここでは「輪廻《りんね》」という世界観も登場するから尚更ややこしいが、問題の中心は、悟れば因果の連鎖を断ち切れるのかどうか、ということだろう。イエスと答えた和尚は狐にされて巡る因果にはまりこんでしまう。因果を昧まさないという百丈の主張がここでは支持されているのである。

計り知れない因果そのものを端的に表現した言葉もある。「**南山起雲北山下雨**」、つまり南山に雲起こり、北山に雨下《ふ》るという。不可思議に絡み合った因果は説明しつくせないが、それは尊重しなければいけないということだ。

実際の生活態度としてはどういうことになるのだろう。

現在という瞬間が一切の過去や未来から独立した時間であると意識的に思いつつも、その現在を成り立たせている無限の過去の「因」に感謝を忘れない。幸い日本語にはそのための「**お陰様**《かげさま》」という言葉がある。「陰」とは見つくせない因であり、それにわざわざ「お」と「様」をつけて呼んでいるのだ。また将来に果報があるかもしれないから、我々は供養したり「冥福」を祈ったりするが、「冥福」とは善因によっていつかどこかにもたらされるであろう「見えない福」のことだ。因果に対するそうした謙虚さが必要なのだと、百丈の物語は語っているのではないだろうか。

## †いつどこで死んでもいい

だから禅は、基本的には因果に落ちない独立した一日を「**日日是好日**」と愛しつつ、しかし因果を完全に無視してはいけないというのである。

ただ両方一緒に言うとややこしいせいもあり、大概は「不落因果」のほうが強調される。たった今あなたが息をしている瞬間こそ、すべての可能性を含んだ偉大なる瞬間である。それを「**即今目前聴法底**《そっこんもくぜんちょうほうてぃ》」と云う。「聴法底」というのは「法を聴いているあなた」と受けとめていいが、法というのがいわゆる「法話」のようなものばかりでないことは、これまで述べたことからも明らかだろう。聴く気になれば、「渓声」も釈尊の「広長舌」と聞こえるのだったし、「**古松般若**《こしょうはんにゃ》**を談じ、幽鳥真如**《ゆうちょうしんにょ》**を弄**《ろう》**す**」とも云う。老松の風や雲に彩られた佇《たたず》まいに智慧を感じ、幽《かす》かな鳥の声にさえ命の本質としての真如を感じとることだってあるのだ。

日常のなかでこそ「お悟り」で得られた「絶対的一者」が活かされなくてはならない。

それはまず、因果に落ちない生き方と考えていいだろう。過去の自分はすべて今という瞬間に展《ひら》かれている。そして未来になんの貸しもない。そのことを心底胆《はら》にすえて生きれば、いつどこで死んでもいいという覚悟にもなるのだろう。「**人間、到る処青山《せいざん》あり**」の「青山」は、「死んでもいいと思える場所」のことだ。けっして青山墓地のことではないのである。

鎌倉時代に武士たちの心をとらえた禅の魅力は、おそらくこの辺りにあるのではないだろうか。また江戸時代の良寛和尚は三条地震に遭遇した知人に次のように書き送った。

「**災難に逢ふ時節には災難に逢ふがよく候。死ぬ時節には死ぬがよく候。是ハこれ災難をのがるる妙法にて候**」。知人の側にその覚悟があったかどうかは知らないが、これこそ毎日が因果一如に暮らせていればこそ吐ける言葉なのである。

役割を生きる

# 随所作主立処皆真

随《ずい》所《しょ》に主《しゅ》と作《な》れば立《りっ》処《しょ》皆《みな》真《しん》なり　『臨済録《りんざいろく》』

## †主人公と観音さま

現実の生活において、我々は常になんらかの役を背負っている。一家の主《あるじ》であったり子供の母親父親であったりご近所の一員であったり、はたまた会社の総務課長であったりPTAの役員であったり、である。

「無位の真人」を現じた、といっても、現実に我々は常に「有位」であり、常になにかの役や立場を演じなくてはいけない。坐禅堂以外の場所にはすべてそれがつきまとうと云えるだろう。

今は日常語化してしまった禅語に「**主人公**」という言葉がある。これはもともと唐末の瑞巌寺《ずいがんじ》の師彦《しげん》和尚が毎日自分に向かって呟いていたらしいが、それが『無門関』に採録されて有名になったのである。そこには、師彦和尚が「主人公」と自分で呼んで「はい」と自分で答え、さらには「目を覚ましているか」「はい」「人に騙《だま》されるなよ」「はい」という自問自答をしていたことが記されている。

なんとなくバカバカしく感じるかもしれないが、和尚は生涯それ以外の説法をしなかったといわれるくらいだから、これは大変なことに違いない。

無門禅師はこれについて、呼びかける一人と答える一人を自覚するように、と評しているが、つまりこれは、せっかく辿りついた「本来の自己」「無位の真人」「絶対的一者」を忘れないための方便ではないだろうか。師彦和尚は自問自答することで常に「お悟り」という「本分」と現実における「**妙用**《みょうゆう》」とを想起していたに違いない。お悟りが現実に有効に活かされたはたらきを「妙用」というのである。

本来の自己は「廓然無聖」であり、からっぽだから、どんな役にも百パーセントなりきってしまえるはずである。役に百パーセントなりきれる人こそ「主人公」と云えるのだろう。

むろん主役・脇役といった意味合いではない。皿洗いでもお茶くみでもトイレ掃除でも、どんな役でも自己のすべてが没入できれば主人公だ。その役を楽しみつくすことが、やはり肝要なのである。どんな役にもすぐさまなれ、それを遊んでしまえる理想的妙用を象徴しているのが「観音さま」だ。『観音経』にはその三十三変化《へんげ》、つまり無数に姿を変えてあらゆる現実に対応していく様子が描かれるが、それこそ我々の、完全に自由な妙用の姿なのである。

### †茶道という妙用

ところでその妙用を、お茶を飲むという現場で実現しようとしたのが侘茶《わびちゃ》の宗匠たちなのかもしれない。

茶祖といわれる村田珠光が一休禅師に参禅（坐禅して公案を参究すること）し、中国の圜《えん》悟《ご》克勤《こくごん》禅師の墨跡を大切にしていたことはご存じかもしれないが、その後の武野紹鷗《たけのじょうおう》も茶聖の千利休《せんのりきゅう》も本格的に参禅している。利休などは「三十年飽参の人」といわれ、長い参究の末に古渓《こけい》禅師から印可証明（お悟り証明書）までいただいているのである。

「利休」というのは古渓禅師につけてもらい、正親町《おおぎまち》天皇から下賜された名前だが、「**名《みょう》利《り》共に休す**」とか「名利頓に休す」という禅語に由来しているらしい。一言でいえば外に名誉や利益を求めない寂然たる「**無事**」の境地。ほかに「**鋭利休歇《えいりきゅうけつ》**」が根拠で、鋭利さのとれた老古錐《ろうこすい》の意味だという説もあるが、ともあれ彼らは、禅堂ではなく娑婆のなかに茶室という妙用の場を設け、そこを修行の場にしたのである（老古錐は閑古錐《かんこすい》と同義。一八六ページ参照）。

派手なバサラ文化を背景にした大名茶などと反対の方向に進んだ侘茶の底流には、仏教の「**寂**（寂滅）」の思想がある。これはお悟りによって波立たなくなった静謐な心だが、これが「さび（寂）」を生み、さらには「我がさび」から「わび」が発想されていくのである。「数寄《すき》」というのも「空《くう》」（すき）に通じている。

千宗旦は『**茶禅同一味**』という書物を残しているが、そこでも「自己の心法を観ぜしむる茶道」であることが説かれる。また本分を踏まえた妙用をお茶では「**体用露地**《たいゆうろじ》」と云うが、そうした言葉も宗旦は禅語からでていると言う。「露地」とは「露わになった清浄な心」。地は心のことだと、宗旦自身が定義している。だから清浄な心が露わになるべき場所が露地であり、清浄な心という本体がいかようにも現象に応じて用（作用）していくのが「体用露地」なのである。ちなみに悟りの世界、仏性そのものをお茶では「**白露地**《びゃくろじ》」とも云う。

お茶の世界にも亭主と客という役柄がある。むろんその役は崩せないわけだが、それぞれが役柄になりきり、そこに百パーセント自己を実現していけばお互いが主人公になる。その状態では禅的な意味での主客（賓主《ひんじゅ》）がなくなり、お互いが主であるため「**無《む》賓主《ひんじゅ》の茶**」と呼ばれる。これこそ現実という有位の世界における無位、差別世界における平等の実現なのである。

　禅ではなにか仕事をするような場合、そこに自己を百パーセント没入して楽しめていれば「主」と云い、いささかでも仕事に使われ、上司に使われているようならその仕事や上司の「客（賓）」ということになる。二人の人間が向き合えばその場への没入の度合いからすぐに「**賓主歴然《ひんじゅれきねん》**」になる。それはお茶の主客のように固定的な役柄ではなく、いつでも変化するから「**賓主互換《ごかん》**」なのである。

### †役を離れる大罪

　ところでこれまで述べた「役」だが、どの程度切実に受けとめてくださっただろうか。我々の日常にはじつは複数の役を同時にこなすようなことが多い。ＰＴＡに行っても自分が女であることは忘れられないし、ご近所の集まりに出かけてもつい会社で部長をしている顔をだしてしまうという具合である。

しかし禅は、とにかく一つの時には一つの役になりきるよう強く要請する。

これは実際にあった話だが、あるとき修行中の雲水が老師のお供でどこかへ出かけていく途中、坂道で重そうな荷車をひく老人に出逢ったらしい。老師と雲水が坂道を下りてきたところで、荷車を引いたその人はこれからその急な坂を上るところだった。雲水はさぞや重くて大変だろうと思ったのだろう。汗を拭いながら坂道を上りはじめた老人を見かね、一応老師にことわってから荷車を押して手伝った。坂道を上りつめると、むろん感謝の言葉を受けつつ老師の元に戻ったのである。そしてそこからは何事もなく用事を済ませ、道場まで老師の後ろについて戻ったのだが、戻ってから程なく、その雲水はクビになったという。

いったい彼の何がそんなにいけなかったのかお解りだろうか。

むろんことわったとはいえ、自分の仰せつかった役を気軽に離れたことだろう。しかも彼は明らかに、重そうな荷車を押すことは誉められるべき善行だと思っている。老師の荷物を持ってただ後ろを歩いていくなんて、たいした仕事じゃないと思っていたかもしれない。ヒト脳をふんだんに使った分別あふれる行動であり、通常それは誉められることが多い。しかし道場では世間的分別と関係なく、とにかく一つの役に集中しなければいけないのである。

老師もなかなか人が悪い、という気はするが、じつに象徴的な出来事である。件《くだん》の雲水のその後は知らないが、きっとお慈悲溢れる復活劇があったのではないかと、信じたいところだ。

## †記憶を抱きしめない

またこんな話もある。

あるとき老師と雲水が川縁を歩いていると、ほとんど裸同然の姿で溺れかかっている女性が助けを求めて叫んだという。老師はすぐに雲水に声をかけ、二人で水の中に入っていって女性を抱え上げ、老師が両腕を持ち、雲水が両脚を持って岸まで運んで一命をとりとめた。

雲水が近くで電話を借り、女性は救急車で病院に運ばれた。二人は出かけてきた用事を済ませてから道場に戻ったのだが、その日の夕方になって雲水が老師の部屋を訪ね、悩ましい顔で訊くのだった。

「仏道修行の身で、裸の女性の肌に触れてしまったことは罪深くはないのでしょうか」

すると老師は呵々大笑して曰く。

「なんだ、お前はまだあの女性に触ってたのか。ワシはとっくに放してるぞ」

お解りだろうか。

こうした極めて禅的な話は解説せず、そのまま放りだしたいところだが、一応解説したほうがいいのだろう。この章の趣旨から読めば、川縁で起こったのは溺れかかっている人を助けるという事態であり、老師にすればそれ以外の何物でもない。その役に徹すれば、男も女もないのである。

おそらく雲水の脳では、未だに生々しい女性の肌の感触から①の全体視機能がはたらきだし、また⑥の二項対立判断機能で「男」と「女」が必要以上に別な生き物として認識され、⑧の情緒的価値判断機能から「なんだか素敵な女性だった」ということになり、さらには⑤の因果特定機能や⑦の実存認知機能まではたらきだして「運命的出逢い」を感じてしまったのかもしれない。

しかし老師の脳においては、それらが永年の意識コントロールによる習慣から極めて抑制され、その結果次々移り変わる「今」に向き合いつづけているということだろう。そんな過去の時間よりも、老師にとっては今向き合っている瞬間こそ重要であり、つねに

「今」が最も魅力的なのである。

「まだ触ってたのか」というのは「**応無所住而生其心**」の説法でもある。『維摩経』には「**無住を以て本となす**」とあるが、一つの記憶に住することは世間でも「うじうじ考える」といって嫌われる。老師の心の鏡にはそんな記憶はもう住していないということなのである。

## 一つに絞る

ついでに、と言っては申し訳ないが、禅と武士、ひいては剣との結びつきについて、少し触れておきたい。

今、心に住することがなくなって初めてすべての瞬間に向き合えると申しあげたが、剣の勝負にはなによりそれが大切なことだ。「うじうじ」考えているあいだは現実が見えないから、その隙に斬られてしまう。だから宮本武蔵を指南した沢庵《たくあん》禅師は言う。

「花紅葉をみる心は生じながら、そこに止まらぬを詮《せん》と致し候。（中略）見るとも聞くとも、一所に心を止めぬを至極《しごく》とする事にて候」（沢庵『不動智神妙録《ふどうちしんみょうろく》』）。詮とか至極というのは最重要事ということだろう。それでこそ、相手の剣筋も見えるというものだ。

「不動智」とか「**不動心**」といわれると、当然動かないことを想像されるだろうが、動かない心ほど不自由なものはない。これはそうではなく、「無心」が軸になっていればどんな現実に対応しても車輪がブレないように「不動」だということだ。「**心は万境《ばんきょう》に随って転ず、転ずる処実に能《よ》く幽なり**」（『景徳伝燈録《けいとくでんとうろく》』巻二）というのも同じ趣旨だろう。自由に転ずるからこそ幽《しずか》なのである。

この章の趣旨から言えば、剣の勝負においては「勝つ」という一事のまえに全ての役から離れることこそ重要なのかもしれない。あるいは剣をもって構えている、そのことを一つの役と捉えたほうが解りやすいだろうか。

現実の生活を誰かとの勝負として捉えよ、ということではない。我々が現実に向き合っているのは誰かであるのではなく、むしろ自分自身の複合的な立場なのである。それを一刀両断に裁断して一つに絞り込み、そこに自己の全てを没入していく。一つに絞るからこそ自己のすべてが現前していく、というのが「**随所に主と作れば立処皆真なり**」という臨済禅師の教えではないだろうか。「随所に」というのが「無心」であればこその自在さ、つまりは「不動心」なのである。

なるほど風大左衛門がニャンコ先生に教わった極意もその辺なのかもしれない。タマがカマキリとかを狙っているときの集中力は凄い。ネズミはほとんど捕まえないが、たしかに勝負には強そうだ。

しかしタマもナムも発情するとなにも見えなくなる。タマの子供であるミーは雪の季節に時ならず発情し、野良犬にからかわれた挙げ句に死んでしまった。「まだ触っていた雲水」は、老師に訊きにいっただけマシというものかもしれない。

考えてみれば飼い猫や飼い犬は、それぞれ猫社会や犬社会など形成してるわけじゃないから、社会的立場というか日常が極めてシンプルだ。「随所」といったってさほどバラエティーがあるわけじゃない。何度も言うようで恐縮だが、やはり禅の教えは、人間脳を意識と習慣によってコントロールし、一つに絞りながら全てに対応するという、究極の人間ワザなのだと思う。

ただ断っておくけれど、あらゆる科学や学問は「住する」ことで進歩する。そこでは記憶の蓄積や仮説への執着こそ大事なのである。しかし禅は、そうした分野の結果は有難く頂戴しながら、それとは反対のベクトルに「自由」を目指すのだ。あらら、思えば禅は、なんと虫のいい宗教だったのだろう。

## 娑婆に徹する覚悟

# 平常《びょうじょう》心《しん》是《これ》道《どう》

『馬祖語録《ばそごろく》』

### †水月の道場

お悟りを体験した人が世間に暮らすことはそのまま「**利他行**《りたぎょう》」になる。当然その人は「慈悲」と「智慧」を放散するように撒き散らすはずである。本来はそのことが「利他」なのであり、べつにボランティアにいそしまなければならないということではなかったのだと思う。

『十牛図』では「返本還源《へんぽんげんげん》」のあとの最終段階として「**入鄽垂手**《にってんすいしゅ》」というのがあり、街(鄽)に出て人々に手を差し伸べる布袋《ほてい》和尚が描かれている(九一ページ参照)。七福神に加えられた布袋さんだが、あの方は唐代の中国に実在した臨済宗の和尚である。背負った袋いっぱいのものを街でカラにして山に戻ったといわれるから、実際あの袋にはなにか品物が入っていたのかもしれない。しかし禅の在り方から推測すれば、あの袋に入っていたのは「法」そのものではなかっただろうか。

「**歩歩《ほほ》清風起こる**」と云う。因果を離れ、なにものにも住しない心はまさに「清風」と呼ぶに相応《ふさわ》しい。それに触れるだけで、清々しく感じるものこそ「法」なのだと思う。布袋和尚のプレゼントとは「清風」ではないかと思うのである。

むろん悟った心は「**臨機応変**」「**君子豹変**」だから、世間の求めに応じてボランティアめいた行為をすることもあるだろう。なにより苦しむ人の心はそのままその人の心だから、無意識に体が動いてしまう。そして川で溺れかかった女性を助けたあの老師のように、その跡を心に留めない。「**没蹤跡《もつしょうせき》**」という言葉は長期的な歴史認識を拒絶し、また「今」が全てだから記録は不要という考え方でもあるが、その基本はあの老師の態度にあるのだと思う。

そうした在り方を美しく表現した言葉がある。私の好きな言葉なのだが、「**水月の道場に坐し、空華《くうげ》の万行《まんぎょう》を修す**」という。水は月を映そうと思っているわけでもなく、月も水に映りたいわけじゃない。しかしお互いの心が共振し、感応道交《かんのうどうこう》する状態。この「水月」の関係こそ悟りの心の対人関係そのものだろう。その心があればどこもかしこも「水月の道場」だ。しかし実際の現場は、「空華」つまり眼にゴミが入ったような妄想に支配されており、次から次に虚仮《こけ》なる現象への応対を迫られていく。これは大変な辛労と云えるだろう。しかし「水月の道場に坐し、空華の万行を修す」とスラッと言われると、いかにもそれを軽々とこなしていく感じがするではないか。この言葉が好きな所以《ゆえん》である。

もう一つ、そうした行為がなされる現場の美しい描写を紹介しておこう。

**竹影《ちくえい》階《かい》を掃《はら》って塵動ぜず、月潭底《たんてい》を穿《うが》って水に痕《あと》無し**（『密菴《みったん》語録』）

いかがだろうか。本当の利他行は、竹の葉影が階段を掃くように動きながら塵は一切動かず、月光が水を騒がせることなく底まで照らしだすように、目立たずに光を送り、人知れず涼気を運ぶものなのである。

## †労働にいそしむ

娑婆のさまざまな人に対応するためには、時には「**和光同塵**《わこうどうじん》」という心構えも必要になる。「塵」とは煩悩・妄想にまみれた世間、あるいはその人々だが、そこに同化するために悟りの光を和《やわ》らげる、というのである。もともとこれは『老子』のなかの言葉だが、禅語としても用いられる。清風を感じてもらうためにも、まずは同化しなければならず、そのためには自尊心もヘッタクレもないという覚悟だ。「**韜光**《とうこう》」（光を包み隠す）という言葉もある。ちなみに「韜光院」というのが我が哲学の師、星清先生の院号である。

世間を表す言葉にはほかに「泥」や「水」もある。「入泥入水」とも云うし、山梨県の向嶽寺開山抜隊得勝《ばっすいとくしょう》禅師の著した『和泥合水集《わでいがっすいしゅう》』もそういう意味からの命名である。『臨済録』には「喧《さわがしき》を厭《いと》い静を求めるは外道の法なり」と、あの方らしく激しく表現されているし、宋代の大慧《だいえ》禅師は「静閙《じょうにょう》一如」と書き残している。やはり禅は、なにより日常が全てだと考える。「**照顧脚下**《しょうこきゃっか》」つまり日々の暮らしの脚下をこそ照らし顧みるべきであり、「**行住坐臥**《ぎょうじゅうざが》」つまり一挙手一投足のすべてで体現することが大事であり、「**運水搬**《うんすいはん》**柴**《さい》」とりわけ労働の場面で悟りは示されるべきだと考えるのである。

キリスト教でもカルヴァン派は勤労を重視するが、おそらく仏教のなかで労働を最も尊ぶのが禅だろう。「一に坐禅、二に作務《さむ》、三四がなくて五に看経《かんきん》」などというが、道場のような純粋環境でなければ、作務における禅定（三昧）が坐禅にとって代わるというのが現実である。白隠禅師はそのことを「**動中の工夫、静中**《じょうちゅう》**に勝**《まさ》**ること百千億倍**」とおっしゃっている。今している作業に没頭し、妄想の入り込む隙間がない状態を本来「まじめ（間締め）」という。「真面目」という文字は、「しんめんもく」と読んでも「まじめ」と読んでも、いずれにしても禅を背景にした言葉には違いない。だから私もまじめなのである。

それはともかく、私の住むお寺はもともと「幻住派《げんじゅうは》」と云われ、中国の天目山に棲んでいた中峰明本《ちゅうほうみようほん》禅師の流れだが、中峰国師も、道場の規則である『幻住庵清規《しんぎ》』の初めに「一庵の務めは弁道を以て先《さ》きと為す、道に始終なし、日用に起これり」と記している。

仏道には始めも終わりもなく、日々に用いてこそ価値があるというのだ。

思えば僧堂生活は掃除をはじめ洗濯・炊事・草引き・剪定など、いわば日常生活の訓練そのものの日々だった。額に汗して働くことこそ禅にとっての「和光同塵」なのである。しかし私など、どんな仕事でも額に汗して働く姿にむしろ「光」を感じてしまうのだが、それはやはり、私がまじめな禅僧だからだろうか。

それもともかく、タマもナムも、ここまで来ると従いてこれないはずである。悔しかったら額に汗をかいてみろ、と言いたい。肢の裏以外汗をかけない体なのは知っているが、だらしなく舌を出してるだけじゃ人間は務まらないのである。

**†コレが駄目ならアレも**

禅の労働観を示す象徴的な話が伝えられている。『百丈清規』で知られ、また「不落因果」「不昧因果」のところでも紹介した百丈禅師にまた登場いただこう。

禅師が八十歳のとき、体調を案じた弟子たちが作務を休んでくれるよう老師に提言したが聞き入れてもらえず、そのため弟子たちは老師の作務の道具を隠してしまったらしい。すると老師、三日も坐したまま食事もとらない。それで弟子が理由を訊ねると「**一日作《いちじつな》さざれば一日食らわず**」と答えたという。

この話を浅く読むと、「働かざる者、食うべからず」と似たように受けとられる危険がある。しかしこの言葉は、あくまでも自律的なものであるからこそ意味がある。どんな労働も三昧になれば快感を引きだす器であり、因果一如の行為であってみれば、他人にとやかく言われる筋合いのことではない。だから食べることを労働の報酬と見る見方もおかしい。作務も食事も、禅では等しく「**仏作仏行《ぶっさぶつぎょう》**」なのであり、「コレが駄目ならアレもあかんやろ」というのが老師の真意なのである。そんなふうに受けとっていただきたいのだが、まあしかし、拗《す》ねてみせたという印象は拭えない可愛いエピソードではある。

†頓悟と漸悟

ところで日常を重視すると繰り返し申しあげているが、戒律について禅はどう考えているのだろう。

日常に方向性を与えるのが戒律である。律は他律的な特定の集団の規則と罰規定だからここではあまり関係ないが、戒についての考え方はちょっと変わっていると云えるかもしれない。

それを語るには、達磨さんから数えて五代目の五祖弘忍《ぐにん》禅師とその弟子神秀《じんしゅう》および六祖慧《え》能《のう》まで遡らなければならないのだが、少しおつきあい願いたい。

弘忍禅師は民主的な道場運営をなさる方だったようで、弟子の全てにお悟りの境涯を漢詩にして張りだすようにおっしゃった。まあ、そうは言われても自分の実力は皆ある程度知っているだろう。誰もがビビッてしまうなかで、後継ぎ候補ナンバー・ワンと見られていた秀才の神秀が次のように書いたものを張りだした。

身は是れ菩提樹

心は明鏡台の如し
時時に勤めて払拭し
塵埃《じんあい》を惹《ひ》かしむること莫《なか》れ

誰もが「さすが神秀」と黙りこんでしまったが、独り八カ月まえに入門した慧能だけがこれに異議を唱えた。伝説の語るところによれば、慧能は文字が読めず、八カ月間米搗《こめつ》きばかりしていたらしい。しかも体重が軽いため、腰に石の重りを括りつけて石臼を挽いていたという。

その慧能が他の弟子に書き取ってもらったのが以下の偈《げ》である。

菩提本《もと》樹無く
明鏡も亦《また》台に非ず
本来無一物
何《いず》れの処にか塵埃を惹《ひ》かん

神秀の偈にイチャモンつけたものであることは一瞥して明らかだが、二人の根本的な考え方の違いがここには明確に現れている。一つは先に述べた「神秘的合一」と「絶対的一者」の違いに似ている。つまり神秀が身や心を菩提樹や明鏡台という一物に喩えたのに対し、慧能は「**本来無一物**」なのだから、そんな一物も妄想だと言いきる。もう一つは、一物を想定する立場としては当然かもしれないが、神秀は怠りなくそれを清めて塵がつかないよう、つまり戒律重視の立場をとるのに対し、慧能は一物もなければ塵のつきようもないと、戒律については言及していないかに見える。

前者が戒律禅と呼ばれる「北宗禅《ほくしゅうぜん》」になり、韓国の曹渓宗《そうけい》はその系統である。そして後者が日本などへ伝来した「南宗禅《なんしゅうぜん》」。つまり五祖弘忍禅師は、なんと両者に印可証明を渡したのである。もしかすると、当初から慧能の気根を見抜いていた五祖が、慧能にチャンスを与えるために設定したのがあの一見民主的な発表だったのかもしれない。大勢の嫉妬した弟子たちに慧能の命が狙われることを予見した五祖は、慧能に夜のうちに南へ逃げるよう勧める。そのせいで慧能の禅は南に広まり、日本にも伝わることになるのだ。

戒律重視の北宗禅は「瓦を磨いて鏡にする」とも云われ、「**漸悟禅**《ぜんごぜん》」と呼ばれ、逆に初めから存在する「無心」が現れるだけだと考える南宗禅は「**頓悟禅**《とんごぜん》」と呼ばれる。悟りには坂道を上るようにだんだん近づくという立場と、それは不意に、突然現れるものだと考える立場があるのである。

## †戒についての考え方

日本に伝わったのは頓悟禅だと申しあげた。

それなら戒についてはどう考えたらいいのだろう。

端的に申しあげると、なにをしていても禅定（三昧）になり、本来の清浄な心を体現してしまえば、その体は悪いことなどできるはずがない。これを「**戒体**《かいたい》」と呼ぶが、それは同時に他人の悲しみに垣根なく同調する体でもある。だから『観音経』には「**悲体の戒**」などと表現されるのである。我々は基本的に、その「戒体」を底抜けに信じようとする。

ちょっと危険な考え方だと思う方も、おそらくいるだろう。全ての人が悟っているわけじゃないのだから当然である。

しかし禅は、人間の「自由」を希求する思想である。「自由」はFreedomの訳語に採用されてから意味が変質してしまったが、本来はすべての現象を自らに由《よ》る（由来する）と考えることだ。善も悪も自らに由来すると考えるのは当然だが、一点の曇りもない清浄な心が発現することを認めるなら、それも当然自らのうちにもともとあったと考えることになる。心の奥底の基盤は清浄心だと信じているのである。

ただその心の上のほうには、凡夫ならむろん嫉妬も猜疑心も憎しみも、脳機能を駆使して作りだしてしまう。それに対してはどうするのか。

いわゆる仏教の五戒、あるいは十重禁戒を、禅も無視するわけではない。参考のために書いておこう。殺しちゃイケナイ「不殺生戒《ふせっしょうかい》」、盗まない「不偸盗戒《ふちゅうとうかい》」、異性との接触を慎む「不邪淫戒《ふじゃいんかい》」、ウソをつかず約束を破らない「不妄語戒《ふもうごかい》」、そして酒を飲まないという「不飲酒戒《ふおんじゅかい》（不酤酒戒《ふこしゅかい》）」、ここまでが五戒で、十重禁戒になると次の五つが加わる。即ち、

他人の過ちや罪を話し散らさない（「不説四衆過罪戒《ふせつししゅかざいかい》」）
己を褒め人を貶《けな》してはならない（「不自讃毀他戒《ふじさんきたかい》」）
財や法を施すことを惜しまない（「不慳戒《ふけんかい》」）
怒らず、怒っても謝れば許す（「不瞋戒《ふしんかい》」）
仏法僧を謗《そし》らない（「不謗三宝戒《ふぼうさんぼうかい》」）

これらの戒を、禅も一応重要だと考えるから、たとえば得度式などでは「十重禁戒」を授けるのである。

しかし祖師方の素行をつらつら見てみると、どうもこうした戒からはみだす人々が多い。一休禅師は「不邪淫戒」に背き、臨済禅師など説法では「不謗三宝戒」さえ屁とも思わない。これはいったい、どう考えたらいいのだろうか。

どうも禅は、あくまでも自律的・自主的な生活習慣のみを重視しているように思える。清浄な自性を認める立場であれば個人の尊厳は最大限認められる。岡倉天心も言うように、禅は徹底した個人主義。その意味では老荘思想の後継ぎなのである。だからこそ、自由を束縛する一切の分別を嫌悪するのではないだろうか。拗ねた百丈禅師の態度も、ここに至って納得していただきたい。

しかし戒体はやはりキャラクターを映す。豪放磊落な禅僧も多いが、謙虚謹厳な禅僧もいることは申し添えておきたい。

## †禅定の方向性

また悟った人ならともかく、凡夫はどんな行為にも三昧になれるわけでもなく、また三昧になったとしても進むべき方向性の意識がない。極端な言い方をすれば、人殺しでも泥棒でも一所懸命無心にやってしまうこともできるわけだから、一所懸命とか無心だけでは危ないということだ。

釈尊は瞑想において心を広げる方向性を示すものとして「**四無量心**《しむりょうしん》」を示した。「慈・悲・喜・捨」という四つのベクトルだが、「慈（マイトリー）」は他者への無差別的ないつくしみ、「悲（カルナー）」は他人の悲しみに自己をチューニングする同化力、「喜（ムディター）」は妬忌《とき》することなく他人の喜びを同慶と感じる心ばえ、そして「捨（ウペークシャー）」は突出した感情を捨て去った平静さである。

悟ってしまったらそんな方向性など要らないと考えるかもしれない。しかし、三昧だけでは危ないということは、太平洋戦争の際に禅僧たちの説教が戦意高揚を大いに促したことでも判るはずである。「戒体」を信じないわけではないが、自分のような凡夫には普段からこうした方向への心がけが大事であるような気がする。禅ではあまり言挙《ことあ》げされない「十重禁戒」や「四無量心」ではあるが、この際よく考え、あくまでも自律的に選択的に受容し、実践していただきたいと思う。

日本では「**志**《こころざし》」という言葉が好まれるが、それも六道を輪廻する無指向性の心に方向性を与えるためのものだ。この言葉にはいかにも自主的な雰囲気が漂うから、あるいは「志」が確固としてあれば、禅ではそれでいいのかもしれない。しかしこれも、そのままでは危ない志かどうか判らない。どんな志をもつべきかについては、のちほど述べる予定である。

なお「戒律」や「四無量心」については、拙著『私だけの仏教』（講談社＋α新書）に詳しい（そんなに詳しくはないか……）。興味のある方はそちらを参考にしていただきたい（あまり参考にならないか……）。

## †頓悟漸修という生き方

なんだか悟っていると仮定したり凡夫と言ってみたりするので、混乱してきてはいないだろうか。頓悟の立場からすれば当然混乱するはずだが、私がとっている立場はじつは頓悟でも漸悟でもない。両者が組み合わさる形で唐代に出てきた「**頓悟漸修**《とんごぜんしゅう》」という立場なのである。

つまり人は、ストンと突然に決定的な悟りを得るのでもなく、また坂道を上るようにゆったり上昇するのでもない。丁度階段を上るように、頓悟と漸修が繰り返されるのではないかと思うのである。

白隠禅師は「坐禅和讃」のなかで「一座の功を為す人も　積みし無量の罪滅ぶ」と謳う。

一回の坐禅で無量の罪が滅ぶような体験もあり得るというのだから基本的には頓悟の流れだ。しかし白隠禅師も自らの大悟の回数を数えたりしており、遡れば南宋の大慧《だいえ》宗杲《そうこう》は「大悟十有八、小悟算する無し（数えきれない）」と語っている。つまり我々は、現実という思うままにならない日常を「本来の自己」を忘れずに歩もうとする。志をたて、方向性をもった生活習慣によってできるだけ妄想を排して暮らそうとするのだが、社会生活というのはいわばヒト脳の活躍の場である。妄想で運営されていると言ってもいい。だから現実生活でお悟り状態がつづくなんてあり得ない。そうして次第に妄想で曇ってくるわけだが、生活習慣のなかで時に深い禅定の体験をすることで、ふいにまた以前より深く悟ることがある。そんなことを繰り返していくのではないだろうか。

ここで、「犬に仏性があるか」という問題で紹介した趙州《じょうしゅう》和尚とその師匠である南泉《なんせん》普願《ふがん》和尚の問答を読んでみていただきたい。

趙州「道とはどんなものですか」
南泉「**平常《びょうじょう》心是道《しんこれどう》**」
趙州「どうしたら、それをつかみとることができますか」

南泉「つかまえようとする心があると、つかめない」
趙州「手に入れることができないものなら、それがどうして道だと判るのでしょう」
南泉「道は考えて分かるものではないが、しかし分からないと言ってしまうこともできない。考えて分かるならそれは妄想であり、分からないとすれば無自覚というものだ。分かるとか分からないとか、そういう分別が無くなると、そこに道が現れる。それは晴れて澄みわたった秋空みたいなもので、分別を入れる余地がまったく無い」

修行時代の趙州は、この問答で悟ったといわれるが、皆さんはいかがだろうか。

この問答からなにを感じるかはじつにさまざまだと思う。道とは平常心だというのだが、道が分別以前のものであり、考えて分かる対象でないことはこれまでもしつこく申しあげてきたことだ。晴れて澄みわたった秋空という比喩も「一円相」を憶いだせばすんなりお解りいただけるだろう。しかし南泉和尚の発言で注目したいのは、その部分ではない。道が「分からないといってしまうこともできない」と彼は言い、しかも分からないとすればそれは「無自覚」だ、と言う。禅問答ではあまり見かけない懇切な説明をしてくださっているのだが、これはどういうことだろう。

道が目の前に現れるためには、自覚が必要だとおっしゃっているのである。つまりそれは、「平常心」がそのまま道だと言えるほど自覚的で志のある生活が、即ち道だということではないだろうか。

これはヒト脳にとっての朗報でもある。まえに私は、ヒト脳の最高の経験が「絶対的一者」であることを述べたが、その脳機能を意識によって全面的にコントロールすることこそ禅的生活なのだと申しあげたと思う。意識。自覚。志。それらがここでは渾然一体に感じられはしないだろうか。「道」も「悟り」も、どうにもならないものではなく、方向性(志)のある自覚的意識によって体現すべきものなのである。それこそが人間に生まれた尊さ、最高機能をもったヒト脳の活かし方というものだろう。

最後に道元禅師の詠んだ歌を示そう。

**水鳥の行くも帰るも跡絶えて　されども道は忘れざりけり**

水鳥も、おそらく人も、道を忘れないと禅師はおっしゃる。鳥は遺伝子や本能のせいといっても構わないかもしれないが、人の場合はたぶん、自覚的な意識で脳をコントロールし、生活習慣を調えることでようやく辿り着いた「平常心」のお陰で忘れないのだろう。

孟子も「**道は爾《ちか》きにあり**」という。『中庸』には「道は須臾《しゅゆ》（寸時）も離るべからず（離れることができない）」とある。しかし近くとも、あるいは離れていなくとも、「平常心」が得られなければ道は現れてこないのである。

# 四、あらためて、「私」とは何者なのか

## 生活習慣が自己を形づくる

### 知《ち》足《そく》

『老子』

足るを知る

#### †自己の輪郭を破る

これまで何度も生活習慣が大事なのだと申しあげてきた。そのくせ生活を規定する戒については「戒体」とか「四無量心」という漠然とした話になった。結局は「志」という、これまた明瞭でない言葉で逃げられたという気分の方もあるかもしれない。具体的な生活習慣が示されなければ「平常心」だってなんのことか分からない。そう思う人もいるのではないだろうか。

心は無限に変化する。本居宣長は「情」という文字を「こころ」と読ませ「たえず揺れ動くもの」と規定したが、どんな文字を使ってもその本質は無限の変化にこそあるのだろう。だから「ころころ」から「こころ」という和語が作られたのである。

以前その変化のバラエティーを六道あるいは十界という階梯で示した。地獄から仏界まで、すべてが自己の心の変化と受けとめるのが禅の覚悟である。だから人殺しも泥棒も、みな状況次第では自分が為し得ることだと自覚する。それが「**乾坤只一人**《けんこんただいちにん》」という言葉だ。むろん悪事ばかりでなく、自分には釈尊や達磨と同じ可能性も眠っている。あらゆる可能性が自己という一人に凝縮されているからこそ「只一人」なのである。釈尊の誕生偈《たんじょうげ》として後世作られた「**天上天下唯我独尊**《てんじょうてんげゆいがどくそん》」の「我」も、結局は「梵（ブラフマン）」と通底するアートマンのことで、宇宙的真理の個人における発現のことだから同様の意味になる。

　これはまるで、はるか二千数百年も昔に、一九五三年に発見された遺伝子の存在を知っていたかに思える考え方ではないだろうか。人類の遺伝子は九九・九九パーセントまで共通だといわれるが、これこそ我々の無限の可能性と見ることは可能だろう。そしてそう思ったうえで、問題になるのは目覚めている遺伝子ということになる。なんでも、普通の大人で目覚めているのは三パーセントから五パーセント程度らしいが、このちゃんと目覚めて情報を提供しているＤＮＡのズレが「個性」などと呼ばれ、また大袈裟にいえば人間の能力も決定づける。だからこそ、生活でのさまざまな試みのなかで、新たに六パーセント、七パーセントと目覚めさせていこうというのである。

禅に限らず、釈尊以来、仏教は「行為」を重視する。ヒンドゥー教が血筋や家柄を重視することに、その面からも反発したのが釈尊だった。遺伝子のことは釈尊は当然知らなかったわけだが、おそらく知ったとしても結論は変わらなかったはずである。子供が親に似てくるのは同じような生活習慣のなかで同じような食事や行動パターンをとるからであり、けっして血筋のせいではない。百歩ゆずって血筋による類似は認めるにしても、その類似は「修行」という親とは別なチャレンジをしなかったから、と考えるだろう。

つまりここで私の言いたい生活習慣とは、常にチャレンジを含んだ「修行」としての生活なのである。「**百尺竿頭《ひゃくしゃくかんとう》に一歩を進む**」という言葉があり、通常は「悟り」の境地にあぐらをかかず、今度は利他行に踏みだせ、というような意味合いで使われたりするが、これはどなたにも共通する言い方にもできるだろう。つまり今の自分の、勝手に作りあげた輪郭を破れ、ということである。換言すれば、合理的理解のなかで判断してやめてしまっては新しい遺伝子は目覚めない。新しい世界にチャレンジすることでおそらく新しい能力は目覚めるのだから、ふつう「我慢」などと呼ばれている行為もじつはフロンティアの開拓と思うべきなのである。フロンティア・スピリットで楽しむのが修行というものだろう。

この本の冒頭で申しあげた「**可もなく不可もなし**」に戻った印象かもしれない。自分で自分をみくびらない。それは幾つになっても自分の無限の可能性を信じることだし、だからこそ相手の可能性も信じることができる。その可能性を信じ、尊敬するからこそ、我々は合掌しあうのである。

新しい行為にチャレンジすることは刺激に満ちているが、やはり勇気を必要とする。現状維持を破る勇気だ。白隠さんの言う「**勇猛心**《ゆみようしん》」を奮って挑戦すれば必ずや新しい世界が拓けてくる。それを、そのまま自己そのものの拡張と考えていいのではないだろうか。

## 西欧的自己と自由の長い旅

思えば自己という存在そのものに対する考え方の歴史が、哲学史だといっても過言ではないだろう。しかしもともと哲学とは「知への愛（フィロ・ソフィア）」であるため、捉えられる自己の幅も狭かった気がする。パスカルは、自己認識ができるという点で人間を宇宙にも優越する存在と考えたが、宇宙の無限と虚無の前ではあまりに無力だとして結局は「考える葦」として卑小化することになる。だから神への信仰を選んだのである。スピノザはさらに神こそ宇宙で唯一の実体であり、人間はその属性の一部にすぎないと考えた。彼にとっての神は西洋的人格神ではなく、必然性のある物事がひとつ残らず実現する「能産的自然」と呼ばれる観念だから、パスカルよりは自由になったと云えるのかもしれない。しかしスピノザの考える世界は神の必然的活動の中にあるわけだから、人間が自由であるのはただ理性をはたらかせ、その必然性を正確に捉えたときのみだとされた。

大雑把な言い方だが、西欧の人々にとっての自由な自己は、神と理性とのせめぎあいのなかで求められていったと云えるだろう。

ヘーゲルは人類の歴史そのものを、彼が「絶対精神」と呼ぶ絶対者の、自由を実現する過程として捉えた。絶対者は我々有限な者をその内に含み、有限なる存在の変化を通して自己実現していくと考えたわけだが、そこで実現される自由はあくまでも絶対者のそれであり、我々のものではない。

やはり自己の自由で尊厳な在り方は、西欧では実存主義の出現を待たなければならないのだろう。それまでさまざまに模索されてきた自己の「本質」について、サルトルは「実存（現実存在）が本質に先立つ」と言いきったが、これによって人間は、ようやく知性や理性だけでない矛盾を抱えた現実的存在として眺められることになる。しかもサルトルは魅力的な「自由」観も提出している。本質に規定されない人間は徹底的に自由なのだから、熟考した結論はもちろん、状況に流された選択であろうと自由を放棄するという選択であろうと、すべて自分が自由に選んだものとして責任を負うべきだというのである。これは極めて「禅的自由」に近い考え方、「因果一如」的な現実の捉え方だろう。

実存を関係性のなかに捉えれば、キェルケゴールのように「自己とは、関係が関係それ自身に関係するというそのことである」みたいな言い方もでてくる。

また人間が意識を超えることのできない存在であることを重視すれば、フッサールやマッハのような現象学にもなるし、その器としての身体に着目すればメルロ・ポンティのような考え方にもなる。彼は、たとえば我々の生きられる世界をミルクティーとするなら、外界は紅茶で自己の身体がミルクだという。つまり、ミルクティーから紅茶だけを取りだすことが不可能であるように、身体から独立した世界はありえず、ミルクティーの中のミルクのように、我々の身体は世界に溶けこんでいるというのだ。

要するになにが言いたいのかというと、西欧では神や理性という存在をあまりに重視したため、なんという大変な道程を歩いてきたのだろう、ということだ。ある意味でそれは、デカルトの身心二元論を乗り越える旅であったのかもしれない。またマルクスのように、神だけでなく本来的なものとか人間性まで、人間が勝手に作った抽象物、あるいは社会的な諸関係の産物にすぎないと考える人が現れたのも、もしかすると神と理性による永すぎた圧迫の反動かもしれない。

### †東洋的自己の土壌

こんなふうに簡単に述べてしまうと哲学の先生に怒られそうだが、やはり実感として、東洋には身心を全的に捉える考え方が昔からあったのだと思う。理性ばかりでなく感情もいわゆる情緒も、むろん体も自己そのものだった。もっといえば根源としての「渾沌」が陰陽に分かれてエネルギーを産みだすから、外側に神は必要なかった。ちなみにアリストテレスと同時代の中国に生きた荘子は、すでに紀元前四世紀に「神の否定と理性への反逆」を大きなテーマにして思想を練り上げている。禅も当然そこから発想しているから、なんだか西洋哲学を眺めていると「お疲れさんでした」と言いたくなるのである。

簡単に言えば、ロゴスから出発する彼らは自己や世界を「分かる」ことにしないと気が済まない。しかし我々東洋人には、世界の根源をカオス（渾沌）と見るタオイズム（道教）がある。禅は道教の嫡流にあたるから、当然のことながら自己もカオスであってなんの問題もない。

一九七〇年代以降、主に科学者たちの間でタオイズムが流行し、最近では物理学までカオス系が謳われているが、そこに至ってようやく東西が自由に会話する土壌ができたといえるだろう。禅が西欧に流出しはじめるのも同じ頃からである。

## †習慣によって決まる自己

なんだか小難しいことばかり書いてきたが、要するに私が言いたいのは「あらためて『自己』とは何か」ということだ。

先ほど「自己そのものの拡張」と申しあげ、気になって余計なことまで書いてしまったのだが、結局のところ禅は、自己とは何かという問いに対する先験的（アプリオリ）な答えなど存在しないと思っている。換言すれば、それは死ぬまで問いつづけなければならない問いだし、答えは生き方にしか存在しないということだ。

無数の抽斗《ひきだし》のある巨大なタンスを思い浮かべていただこう。そこにある抽斗の全てがあなたの可能性である。しかし現実に暮らすには抽斗をいくつかあければ足りる。だからチャレンジ精神をもって背伸びして高い抽斗もあけ、遠くの抽斗もたまにはあけてみる。それが修行としての日常である。

どうしても習慣によって頻繁にあける抽斗が決まってくる。愚痴ばかり言っていればその抽斗ばかり緩み、前を人が通っただけで愚痴の抽斗が出てくるし、なにかにつけて怒ってばかりいると怒りの抽斗が緩んでくる。

だから神と悪魔を合わせたような、宇宙的なほどに無限な可能性をもった我々ではあるが、実際に現れる自己は理性でも感情でもなく、習慣によって動くのだし、思考も習慣どおりしている。禅はそう考えるのである。なんだか哲学者の皆さんには拍子抜けするような結論で申し訳ないのだが、禅はあくまでも生活から離れないのだ。

チャレンジによって得た新しい自己にも、我々はすぐに慣れてしまう。そして行為や思考が習慣化することで新しい自己もほどなく定着する。そこに「住する」ことなく常にチャレンジを繰り返すわけだから「自己が拡張する」と申しあげたのである。「百尺竿頭に一歩を進む」とはそのことだし、常にそのように無常に変化しつづけるからこそ、流水と同じように清らかなのだろう。「**行雲流水**《こううんりゅうすい》」という言葉も、そんなふうに受けとめていただきたい。

### †自己という「はたらき」

まえに脳機能のことなどつらつら申しあげたから、自己と脳とを同一視している向きもあるかもしれない。しかし脳をカオスと見るにしても、やはり脳だけではないだろう。フランスの哲学者であるベルクソンは『物質と記憶』のなかで、脳をハンガーに喩え、心(精神)をそこに掛ける上着に喩えた。つまり脳機能が駄目になればハンガーが壊れて上着が掛けられなくなるように心にも異常をきたすが、心は脳に支えられてはいてもそのものではない、というのだ。

脳機能の局在性についての研究は今後ますます精緻に進むだろうが、それでも禅が相手にするのは自己あるいは心の「はたらき」だと思っていただきたい。ヴィンチ村のレオナルドことレオナルド・ダ・ヴィンチは、精液は脳で作られ脊髄を下降すると考えていた。またデカルトは脳内の「松果体《しょうかたい》」に心と体をつなぐ特別な機能があると考えていた。今やまさか、それほどの間違いはないだろうけれど、それでも脳機能の局在性の研究がどんなに進んでも、心の「はたらき」を説明しつくすことはできないと思える。「はたらき」とは、なにかを媒介にして生ずる事象の全体であって物じたいではない。それに、じつのところそれがどこからどのように生ずるかは、禅にとってあまり問題ではないのである。脳機能のことを詳しく申しあげたのは、あくまでも禅を語るのに欠かせない「妄想」の仕組みとそれを解消する「絶対的一者」が説明しやすかったからだ。初めにも申しあげたように、禅僧は利用できるものはなんでも無節操に使わせていただくのである。

だから今後も、利用できる研究成果は利用し、不立文字の部分は減らしていきたいとは思う。しかし肝心の「悟り」体験はどこまでいっても不立文字なはずだし、大切な生活も「はたらき」そのものだ。

そろそろ生活に戻らねばなるまい。

### †すべては自己の内側にある

労働から志、修行、そして哲学と来た。ナムやタマには大きく水をあけた観がある。悔しかったらナムよ志をたてて労働せよ。タマよ狭い額で公案を考え、哲学してみろと言いたい。しかしコタツ布団の横で丸くなったタマは、なんだかそのままで自足しているかに見える。喉までゴロゴロ鳴らしている。ナムも小屋の横で紐につながれたまま大口をあけてアクビしている。二匹とも、なにが悲しくて人間は働くのか、なにが切なくて修行やら哲学やらせなぁかんのや、と我々を哀れんでいる顔に見えてくる。

そうなのだ。私には「今」「ここ」の生活があるのだった。彼らのお陰でそのことを憶いだした。

こうして一歩歩くごとに自覚を新たにする私はエライ。これを「**歩歩是道場**《ほほこれどうじょう》」と云う。また他人の考えばかりをなぞっていた自分に気づき、そのスポットライトを自分の内側に向け直すことを「**回光返照**《えこうへんしょう》」と云う。これはよほど大切なことらしく、何人もの祖師方の言葉が残っている。

まずは臨済禅師曰く。「爾《なんじ》、言下に自ら回光返照して更に求めず」。さらに曹洞宗祖の道元禅師は『普勧坐禅儀《ふかんざぜんぎ》』に曰く、「須《すべか》らく言を尋《たず》ね語を逐《お》うの解行《げぎょう》を休すべし。須らく回光返照の退歩を学すべし」。また蘭渓道隆大覚禅師は「回光返照」を定義し、「外の諸法を照らす自己の光明を、廻《めぐ》らし返して、内の自己を照らすを云うなり」とおっしゃっている。なにしろ素晴らしいものはすべてこの体も含めた自己の内側にあるのである。日常の生活のなかでもそれを忘れてはいけないのだった。ナムとタマを見ていて憶いだしたのはそのことだ。

ところで、ときおり「廻光遍照」という表記を見るが、これは内側に見つけた光で外の人々を遍《あまね》く照らすという逆の事態だから注意していただきたい。

## †「知足」という大事業

さて、等身大の自己を生活のなかに置いて見つめてみる。

まず男であり、四十七歳。一応というか、有難いことに僧侶という仕事がある。いささか忙しすぎ、今はちょっと腰を痛めているが、講演に行かなくてはならない。

そんなふうに描いてみた場合、もっともっとシンドイ状況にいる人は大勢いるだろう。しかし禅的生活を心がけるなら、ここはまずどちらさんも現状を全面的に肯定してみることだ。つまり私の場合なら、忙しいのも、腰が痛いのも、そして腰が痛いにもかかわらず講演に行くという事態も、みな「私が欲したことなのだ」と思ってみるのである。

どんな悲惨な貧乏生活をしていたとしても、あるいは奥さんに先立たれ、何カ月も心が晴れないとしても、たった今の気分を全面的に自主的なものとして認めるのだ。今の貧乏な暮らしも、女房に先立たれて何カ月か悲しんだことも、みんな自分が望んだことだった、と。

むろん本心でそう思えと申しあげているのではない。方便である。冒頭のほうでも述べたとおり、我々は意識だけは思ったようにはたらかすことができる。アクビを意識的にしていただいたのと同じ原理だ。現状がすべて自分の欲した事態であると、仮に思ってみるのである。

どうだろう。なにか、力が湧いてくる気がしないだろうか。

喧嘩はしないほうがいいだろう。しかししてしまったなら、仕方がない。それは望んでいたことだと思う。換言すればそれによって重大な気づき、一期一会を得るためにしたことだと考えるのである。

口に入れてしまったものは美味しいと思ったほうがいい。美味しさを捜してでもそう思うのだ。

それはなにも、貧乏が続くことを望み、腰の痛みと講演が重なることを欲し、今後も悲しみが続いたり喧嘩しつづけよということではない。「日日是好日」でも述べたように、一日一日は独立しており、一瞬一瞬はひとつの流れとして繋がってはいないのだから、とりあえず、今という足場にしっかりと立つための方便だ。「今」に力強く立つことからすべては始まるのである。

我々は現状を完全に肯定することで何度でも「今」に生まれ変わることができるという

ことだ。

考えてみればこの発想はニーチェの「超人」に似ている。彼は「超人」を幼な子にも喩えたが、たしかに幼な子は、「現状肯定」などという意識すらなく一瞬一瞬を肯定し、世界と一体になって楽しんでいるかに見える。

通常いろんな仏教書に「**知足**《ちそく》」という言葉が書かれ、たいてい「少欲」と組み合わさって「程度を心得、身の程を知る」みたいな意味合いで説明されることが多いが、なによりの「知足」は我が身の現状を完全に肯定するという大事業のことなのである。

## †ナムとタマの「知足」

翻ってコタツのタマや小屋の横のナムを見ると、彼らはなんだか「知足」を知っているかに見える。

たとえばナムの場合、毎日同じ食事内容でもいっさい文句を言わない。むろん文句の言葉も言いようはないわけだが、それでも毎日味噌汁かけご飯だったら、人間なら怒るだろう。タマのかつぶしご飯でも同様である。しかし彼らは「もう二週間も同じだよ」と、歴史として括ることもせず、しかもほかの犬や猫とも比較しない。また平均とか世間も気にしないから「隣のミケのおかずのほうがいいじゃないか」と拗ねたりもしないし、「味噌汁かけご飯ばかり食べている犬は全国に一〇パーセントもいない」なんて悲哀をおびて訴えたりもしないのである。

それにしても、どうしてここまできてタマやナムがこんなに気になるというのだろう。うちの寺の境内には大きな石に「知足」という文字が見え、その横には「裸にて生まれてきたに　何不足」と彫られているが、彼らが裸ではないにしても、黒トラの毛皮と茶色の毛皮しか着ていないから気になるのだろうか。

修行もせず、労働などもたえてせず、志もなく哲学もしない。それなのに幸せそうな彼らを嫉妬してるのだろうか。

それとも、濃い自意識もなくあっさり現状を肯定しているかに見える彼らが羨ましいのだろうか。

こうなったら「あらためて『自己』とは何なのか」なんて考えちゃいられない。「**己**《こ》**事究明**《じきゅうめい》」こそ人生の一大事というけれど、さっき出した結論でここは充分としよう。つまり自己とは、死ぬまで生活のなかで問いつづけるものであり、回光返照を繰り返しながらも、答えは生き方にしか存在しないということだ。

## †無用の用と古老の慈悲

　ラスト・スパートでナムやタマに目にもの見せてくれようと思ったのだが、そのまえに歳をとることについての禅の考え方を示しておこう。

　べつにナムやタマに長寿を誇ってみても仕方ないことだが、禅僧はたいてい長生きである。達磨さんは百五十まで生きたというし、趙州和尚は百二十歳。日本でも足利紫山《あしかがしざん》老師は百歳を超えたし、わが妙心寺派の古川大航《ふるかわたいこう》老師は九十八歳まで現役の管長さんだった。

　基本的にはさきほどの「知足」の考え方で自分の年齢も肯定するのが禅僧であり、だからこそ長生きするのだろう。「この歳になってみたかったんだ。ずっと待ってたんだ。最高だよ」と、幾つになっても今を全面肯定するのである。それはけっして幾つまでは生きたいという欲ではない。あくまでもたった今の、現状への「知足」の認識なのである。

　禅にはまた老境を讃える言葉がいろいろある。たとえば「閑古錐《かんこすい》」。

　これは古くなって先の丸まってしまった「閑《のど》かなキリ」だというのだが、長閑《のどか》なキリなど役にたたないと思うのが普通だろう。しかし役にたたないと思うのは思うほうの工夫が足りないだけだ。どだい「役にたつ」かどうかという価値観だってかなり偏ったものだろう。

『荘子』内篇にちょっと巨大な瓢《ひさご》の話がでてくるのだが、恵施《けいし》がその使い道をいろいろ考える。中をくりぬいて飲み物を容れると重すぎて持ち上がらず、二つに割って柄杓《ひしゃく》にしようとするが浅すぎて使えない。とうとう役たたずと判断し、打ち割って捨てたという。それに対して荘子は、「君はどうしてそう、大きい物を扱うのが苦手なのかねえ」と嘆き、大きな樽でも作って河や湖にでも浮かべて遊べばよかったのに、と言う。

べつに私は「樽を知る」なんてシャレたかったわけじゃない。この話は「無用の用」の話であり、つまり本当に役だつものは役たたずのように見えるという逸話なのである。ちなみに私のでた高校の第一期生にニーチェを日本に紹介した高山樗牛がいるのだが、この「樗牛」というペンネームの出典も『荘子』である。役たたずの樗《ぬるで》の大木と大きな野牛を組み合わせたのだが、荘子はそんな世間では役だたないものでも、たとえば樗の大木ならそのままにして、その木陰で昼寝したらどうかと言う。木陰の涼しさとか、さわさわと鳴る葉ずれの音にも価値を見いだせるなら、樗だって充分にありがたい存在なのだ。

閑古錐のように円満に齢をかさね、人を傷つけず柔軟で長閑な年齢になったことを、言《こと》祝《ほ》いでいるのが先の言葉だ。そんな人に接するだけで、おそらく「なにかの役にたつ」以上の収穫、つまり江湖に瓢を浮かべて遊んだような、あるいは樗の木陰で昼寝したような気持ちの変化が、周囲の人々にもあるに違いない。

「老倒疎《ろうとうそ》慵無《ようぶ》事《じ》の日、安眠高臥《あんみんこうが》青山《せいざん》に対す」なんてのもある。

老倒とは「老いぼれ」、疎慵は「物憂くなにごとにも気が進まない状態」だから大変な老境だが、それでも心が無事で何不足なく、いつここで死んでもいいという覚悟もあるから、枕を高くして安らかに眠っているというのである。これもやはり老境の今を言祝いでいると云えるだろう。現状を完全に肯定するという言い方は、和語では「ことほぐ（言祝ぐ）」になる。その連体形である「ことほぎ」が訛《なま》って「ことぶき（寿）」になるのである。

禅ではまた老境を「老いた松」にも喩える。「**松老雲閑**（松老い雲閑《しず》か）」というのも、悟った老境の、我が心の動きが手にとるように見えている状況だろう。ここでの雲は、すでに煩悩ではない。また「**古松般若を談ず**」も古老ならではの勘のよさ、智慧の深さが讃えられている。

禅的に歳をとれば、どんどん硬く頑固になるのではなくどんどん柔軟でしなやかになるものだと信じたい。そして智慧も深まり、慈悲深く優しくなっていきたいものだ。

そうなると「**水を掬《きく》すれば月手に在り、花を弄《ろう》すれば香衣に満つ**」などという境地にもなる。『全唐詩』から『虚堂録《きどうろく》』などに引用されたこの言葉はさまざまに解釈できるが、私はやはり接した相手の心に共振し、すぐさま同化してしまう慈悲深い境地なのだと思う。手に掬《すく》った水に映る月も、あるいは衣の隅々まで染みこむ香りも、ここでは自己の輪郭がほどけているために同化できる他者なのである。

いくつになっても昔と比較するのではなく、「待っていた歳」として新しい気持ちで過ごしたい。「即今目前聴法底」の延長に「日日是好日」があり、さらにはこの「待っていた歳」がくるのである。

### †長寿比べ

ところでついでだから、希望をもっていただくために私の知る限りの長寿を誌しておこう。あらゆる生き物のなかでは『荘子』にでてくる大椿《だいちん》の一万六千歳。動物では「冥霊《めいれい》」と呼ばれる大亀の一千歳。人間では中国の彭祖《ほうそ》が八百歳。まあそれは夢としても、「オールド・パー」というスコッチに冠されたイギリスのトーマス・パー、百五十二歳、達磨さん百五十歳、上寿百二十歳。茶寿百十歳。そして百寿、白寿。なかには長生きしてなんになると思う人もいるかもしれないが、禅は道教の弟分であり、道教はもともと長寿を追求した技術者の集団だった。心と体を適切に使い、つまりは禅的に暮らせば、なにも長寿を望まなくとも長もちしてしまうはずなのである。「ことほぎ」という「知足」の認識と行為が「ことぶき（寿）」という長寿の意味に転訛したことは、そうした深い背景に裏打ちされているのだと思う。

# 五、風流に生きる

安心立命《あんじんりゅうみょう》

『天目高峰禅師示衆《てんもくこうほうぜんじじしゅう》』

心を安んじ命を立てる

## まず「志」を立てる

### †白馬蘆花に入る

本来の面目である「無位の真人」からすれば、この自分には無限の可能性があるのだと述べた。だから日常をチャレンジフルにすごし、どんどん新しい自己を開発させていくべきだとも書いた。

しかし現実というのはもっと限定されている。ときに「回光返照」して無位の真人に立ち返りながらも、常になんらかの位や立場で特定のダレソレを現じていかなくてはならない。それが実存というものだろう。

宋代の儒家は絶対的な真理を「理」といい、その現れとしての現象を「気」と表現したが、理気は不即不離とはいうものの、現実にはやはり現象に応じた対処が求められていく。

通仏教的には「色」が現象であり、「空」があらゆる現象を通貫する真理と云えるだろう。だから「悟り」への「往相」が「色即是空」という見方であり、現実への「還相」が「空即是色」ということになる。

禅的には、「一切空」と見るのが「**平等**」（一味平等）の世界。色に即した見方が「**差《しゃ》別《べつ》**」の世界と云われる。

「白馬蘆花《ろか》に入《い》る」という言葉が『碧巌録』にあるのだが、これはそうした差別と平等の世界観を、共に示し得るものだろう。あるいは両者が互いに流通しあうことを示すといってもいいかもしれない。つまり白馬も蘆の花も白いということに着目し、小さな差異に目をつぶれば平等観になる。蘆原に入っていった白馬が見えなくなるように、世界はすべて渾然とした「絶対的一者」に収斂される。しかしながらこの平等観を心得たうえで、現実の差別にきめ細かく対応していくのが生活である。そこでは白馬と蘆花の差異こそが注目されなくてはならない。

つまり以前に「不二」というのを「悟り」の世界として紹介したが、「不二」で現実を押しきろうというのは横暴である。「往相」で「不二」になったものを「還相」では「不一」に戻さなくてはならない。そうして平等の原理を踏まえつつ常に差別の具体に寄り添おうというのが禅的な生き方なのである。

『宝鏡三昧《ほうきょうざんまい》』には「**銀盌裏《ぎんわんり》に雪を盛り、明月に鷺《さぎ》を蔵《かく》す**」という言葉もある。これも同じことで、銀色の盌に盛った雪や明月をよぎる鷺の姿は見分けにくい。見分けにくいけれども、現実にはイッショクタにしてしまうのは悪平等になる。しかしながら差異を強調するあまり本来的な平等観も忘れてはいけない、という難しい提言なのである。

要は、差別の現実を「方便」と心得ることが大切なのだと思う。そう心得たうえで、その現実に「三昧」になっていくのである。

## †平等な法とは?

道場に入門して三カ月ほども経った頃、老師にいただいた公案が次のようなものだった。

「**是《ぜ》法平等無有高下《ほうびょうどうむうこうげ》**」

つまり「是の法は平等にして高下有ること無し」さて、是の法とはいったいなんだろう、という問題である。

毎朝毎晩、人間だけでなくさまざまな動植物についても平等に云えることをあれこれ考える。そして老師のもとに答えを持っていくのだが、何度行っても鈴を振られるだけ。駄目だと老師はただ鈴を振って次の人の入室を促すのである。

ある朝私はやや捨て鉢に、「山の上の桜も、山の下の桜も、同じ桜でございます」と答えた。すると老師は今までになく強い眼差しで私を睨みつけ、「そうか？ 本当にそうか？」とおっしゃった。そのときの、背筋に電気が走ったような怖ろしい感触は今も忘れられない。そしてその日の夕方、私は十日ぶりに「宜《よろ》しい」と言われたのだった。そのとき私が答えたのは、次のような言葉だった。

「山の下の桜は早く咲き、山の上の桜は遅れて咲きます」

お解りだろうか。この公案は、平等な法を訊いておきながら、基本的に世界に差別があることを答えなければ通してもらえないのである。

むろん「**南枝は暖く、北枝は寒し**」でも、「**鶴の脚は長く、亀の脚は短し**」でもＯＫだ。その差異の認識こそ、平等観の基礎だというのである。これを禅では「平等中の差別」という。

世間的な「平等・差別」という言葉にどうしても引きずられると思うが、禅においてこの言葉は「原則」と「現実」のような関係である。いわば「お悟り」状態が「平等」で、それが活かされる現実・方便の場が「差別」の世界なのである。

さてそういった差別の世界が我々の現実であり、そこでいかにして生きていくか、ということになるわけだが、そのための技術として禅は「方便としての一」というものを提案する。

それはむろん「絶対的一者」のことではない。

「日日是好日」でも申しあげたことだが、禅はたった今の自分の役を一つに絞り込もうとする。溺れかかった女性を助ける役に「男」という役が余計だったように、である。しかしその場合の「一」は継続しないからこそ意味があった。瞬間瞬間が独立しているからこそ、「住せず」、清らかなのだった。いわばそれは「平等」の世界でのことである。

本来無方向に、節操もなく変化し、しかも瞬間瞬間が連続していないわけだが、しかしそれでは社会的生物としての人間の体裁をなさない。ある程度の輪郭、ある程度の一貫性はどうしても必要なのである。

## †方便としての「一」

そのために方便として設けるのが「志」というものだ。

ただその場合、方便として、という自覚がとても大切である。本来は「**乾坤只一人**」なのだから我々の進み得る方向性は無限だし、誰もが遺伝子という無数の抽斗をもっている。しかし抽斗は習慣によって開きやすいものが決まってくるから、だいたいどのあたりの抽斗でいこうか、という意志が、「志」なのである。「こころざし」は「心刺し」だとしても「心指し」だとしても、いずれ自由すぎる心を多少不自由にするためのものだ。

自由を求める禅がいったいなんのつもりか、と思われるかもしれないが、人間はどうも、完全な自由のなかでは自由を感じにくい生き物らしいのだ。たとえば鹿威《ししおど》しの音がカランと響いた直後に初めて「静けさ」を意識するように、人は不自由な制約のなかでの変化に、初めて自由を感じるのだと思う。おそらく罰ゲームのある遊びが楽しいというのも、似たような理由ではないだろうか。

とにかく方便として継続的な「一」を決めてみることで、ようやく人生はそれなりにまとまりを見せはじめる。それがなければ、本来諸行無常の生はまとまりようもないものなのである。

### †志の立て方

「方便としての『一』即ち「志」とくれば、さすがのナムやタマも従《つ》いては来れないだろう。因果一如とか、時間を捏造しないことにかけては、もしやナムやタマのほうが優れているのでは、と思う場面もあった。額は狭いほうがいいのかと疑うことさえあった。しかし人間が人間であるのは、たとえ煩悩や妄想と云われようと、「人生」というまとまりへの思い込みがあるからなのである。

五十歳を「**知命**」という。孔子の「五十而知天命」に由来するが、それは自分がなんのために此の世に生を享けたのか、という問いに対して、なにかの確信を摑《つか》むことだろう。十六世紀の宗教改革者カルヴァンは、毛織物やビロードを扱うジュネーブの商業を育成したことでも知られるが、そこには Beruf（神の呼びかけに人間が応える）というルターの考え方が生きていた。神様がなんのために自分を此の世に呼びだしたのか、という解釈だ。それが英語の calling（天職）になるのである。いずれにしても自分のしていることを「天命」とか「天職」と強く思い込めれば、人生は急速にまとまりを見せはじめる。だからこそ、禅もカルヴァン派も、労働によって稼ぐことは天命や神に従うことと考え、お金についても大らかなのである。

道元禅師は「**学道の者、先づ須らく貧なるべし**」と言ったが、禅思想全体のなかでは、やはり「先づ」という場所に置くべき考え方だろう。それは道場でこそ可能な体験であり、そこでは「貧」で「不足」であればこその工夫が磨かれるわけだが、この経済社会で労働に三昧になれば、「貧」でありつづけることは不可能ではないだろうか。

だからこそ、志の立て方は重要である。あまり締めつけがキツイと自分で自分を無意味に苦しめることになる。「志」というからには、むろん多少の不自由は仕方ないが、例えば「貧乏でいつづけたい」などというのは、生命力そのものを塞ぎかねないから「志」としては不適当だ。また男にせよ女にせよ「二言を言わない」などというのもガチガチすぎる。人の気持ちは変わって当然であり、しかも言葉というのは「絶対的一者」を表現できないのは勿論のこと、いつだって行きすぎてしまうものだからである。志はたいてい言葉で表現するものだから、その点は充分注意していただきたい。

## †表現しすぎた志の怖さ

たとえば「慈悲ふかくありたい」というのは立派な志かもしれない。しかし人は、すぐにもっと過激な表現を目指す。たとえば良寛和尚の父親である橘以南は、三十歳以上も年下で新進気鋭だった一茶と「慈悲」というテーマで俳句をよみあう。一茶が「やれ打つな蠅が手をする足をする」とよんだのに対し、以南は「そこ踏むな　ゆうべ蛍の居たあたり」とよんで一茶を降参させる。しかしそうした表現は、しずかに確実に表現者本人を縛っていくのではないだろうか。極端なことを申しあげるようだが、ゆうべなにかが居たと思えば、東へも西へも一歩も進めなくなって立ち往生するしかなくなる。以南が京都の桂川に入水して死んだことが直接その俳句に関係するわけではないが、私にはまったく関係ないとも言いきれない気がするのである。

　金子みすゞという優れた童謡詩人も、その意味では表現しすぎた人だろう。「鈴と、小鳥と、それから私、みんなちがって、みんないい」までは佳かったけれど、「私は好きになりたいな、なんでもかんでもみいんな」とまで言われたら「それは無理です」と言ってあげたい。「私がさびしいときに、仏さまはさびしいの」と言われたら「それは違います」と申しあげたい。そうした無理な表現に自分の全体を合わせ、方便であることを忘れていくから、彼女も自死するしかなくなってしまったのではないだろうか。

　宮澤賢治の場合は自死ではないけれど、しかしなんとなく、やはり「志」がキツすぎた気がして仕方がない。「農民芸術論綱要」にある「世界がぜんたい幸福にならないうちは個人の幸福はありえない」という表現がそれである。私に言わせれば、もしそれが本当だとすれば、その「世界」とは此の世ではなく兜率天《とそつてん》くらいしかあり得ないと思えてくる。

あくまでも此の世に生きる我々にとっては、個人の幸福の集合体が世界の幸福であるしかないはずである。

だから行きすぎた表現を「志」にするのは、危険だと申しあげたいのである。

### †仕事と生活の場

それならどんな限定を志にすればいいのか。

「お天道さまに恥ずかしくないように生きる」とか、「人様にご迷惑をかけないように」など、昔からいわれる言葉が浮かんでくるかもしれないが、とりあえず禅的生活においては、自分が三昧になるべき仕事と、そして人間関係も含めた、生きていく場、とが、志の対象なのだと考えたい。

「**風吹けども動ぜず天辺の月、雪圧《お》せども摧《くだ》け難し磵底《かんてい》の松**」と云う。月や松を「仏性」とよみ、風や雪を煩悩・妄想の喩えとよむこともむろんできるが、私としてはこの句はもっと現実的によみたい。

「**八風吹けども動ぜず**」という言葉もあるが、八風とは我々が世間で暮らすとき、揺らぎやすい八種類のアプローチのことだ。つまり、利《り》衰《すい》・毀《き》誉《よ》・称《しょう》譏《き》・苦楽だが、利益になびき損害を怖れるだけでなく、意にかなうことが「利」で、意に反することが「衰」でもある。また苦楽はお解りだと思うが、毀誉と称譏の違いは難しいかもしれない。面と向かって誉めることが「誉」で、面と向かってけなすことが「毀」。面と向かわずにほめることが「称」で面と向かわずにけなすのが「譏」である。

面と向かっておだてられても揺らがないかもしれないが、陰でほめられたらどうだろう。そんなことが分かったら私など、簡単に浮き足だってしまう気がする。それでも淡々と動ぜず、というわけだが、そのためには自分が今の生活・仕事に知足していることがなんといっても前提になる。仕事に三昧になって慈悲と智慧を放散している自己こそ、天辺の月ではないだろうか。

同様に、礀底の松というのは、谷底というけっして素晴らしいと思えないような場所に生えている松だが、どんな環境であれ、住むと決めた場所に深く長く根を張りめぐらすのが松の木である。だからこそ松は「**松樹千年の翠**」と云われるほどに長生きするのだし、常葉の翠、つまり相変わらずの元気を保つことができるのだろう。

これは志というか、覚悟を示す句なのだと思う。もう一度書こう。

「**風吹けども動ぜず天辺の月、雪圧せども摧け難し礀底の松**」。八風という揺らぎやすいアプローチにも動ぜず、外的な困難としての雪にも屈せずに、自分の仕事に主人公として自信をもってあたる。しかも地域に根をおろしてそこから深く滋養をいただきながら松のように淡々と生きる。それが禅的な志だと思っていただきたい。

## †禅の弱みと安心立命

ただしこれは、べつに転職や引越を否定しているわけでは全くないから注意していただきたい。禅の弱みでもあるのだが、未来を批評的に観測してどれかを選ばなければならない場合、禅はほとんどその基準を提供してくれない。ただ選んで決断したことに対する覚悟は、また同じように禅的に作ればいいのである。これはつまり、たとえば戦争をすべきかどうか、というような選択的判断には禅は向いていないということだ。禅は戦争になって爆弾に逃げまどう環境になっても、あるいは病気で入院していても、その現状のままになんとか活路を見いだしてしまう「知足」の思考なのだ。

これはおそらく、禅が不備だということではないだろう。要は使い方しだいで、どんな宗教も思想も社会的には不備を露呈するのだと思う。

望んで選んだわけでもない場所に住み、たまたまご縁で巡り会った仕事をしている人だって大勢いるだろう。そうした人々が今の足場を踏みしめて立つためにこそ、禅の考え方は有効なのである。

安心立命とは、「あんじんりゅうみょう」と読み、もともとは仏語の「安心」と儒語の「立命」が合わさった言葉だが、もはや世間に充分流布しているだろう。どこに住み、なにをして生きていくのか、自分の受け容れた現実を「天命」ととらえ、言祝ぐ。つまりわざわざ肯定的な言葉を言うことによって、自ら安心を作りだしていくことなのだと思う。

ただし何度も申しあげるようだが、「どこ」と「なに」というそれぞれの「一」はあくまでも方便と心得てほしい。だから、変更されたらそれをまた禅的に受け容れて安心立命すればいいのだ。どだい人生に一貫する「一」など、本気で信じこむから苦しくなるのだ。むろん方便だって本気で三昧になるのだが、方便の語源である梵語の「ウパーヤ」はもともと「近づく・至る」などの意味だ。目的に近づき頂上に至る道が一つではないのは当然のことだ。ただ仮にでも、選んだからには「天命」と思い込んで安心してしまおうというのだ。やっぱり禅は、無節操だろうか？

# 不風流処也風流

『碧巌録』

風流ならざる処もまた風流

## †不足を楽しむ曲者たち

どこで、なにをして生きるのかが決まった。これで安心立命して安らかに過ごせればこの本も終わりたいところだが、それでもまだナムやタマのほうが自由なのではないかと気にする人がいるような気がする。……もしかするとそれは、私だけだろうか。

だって鎖につながれたナムはともかく、タマなんかどこで寝たっていいし、働きもなにもしないで気ままに生きてる。なんといっても、彼らは健康なのに健康維持の努力なんてなにもしてない。意識的にする運動といえば「伸び」だけ。ナムだって腕立て伏せも兎跳びもしないのに結構足腰は強い。いささか羨ましくなるときがあるのである。

そこで最後に、ナムもタマもぐんぐん引き離してしまおうというのがこの最終章の狙いなのだ。本当は「志」を立て、それを天命と感じて生きるなんてそれだけで人間に生まれた幸せというべきだが、「それは方便でしょ」と誰かが囁いている気がするのだ。

それなら、ということでこれから示すのが、究極の人間ワザ。ナムやタマにはおそらく想像もつかない隠微で高度なヒト脳の情緒である。

一言でいってしまえば、それは「風流」を味わうということだ。「風流」を辞書やインターネットで調べると、やたら花柳界めいた内容ばかり出てくるが、これはどうも違う。「風流」は外国語に訳せない代表的な日本語の一つだが、本来は「風が流れる」というとおり、「ゆらぎ」のことなのである。この「ゆらぎ」を楽しむ能力こそ、人間だけの最高度な楽しみと云えるだろう。

鹿威しのあとに「静寂」を感じるように、人は不自由のなかで自由を感じると、まえに申しあげた。それと同様に、方便としての「一」を決めるから、その安心立命した固定点からの「ゆらぎ」が感じられやすいのである。

具体的に申しあげると、たとえば我々禅僧は弁慶の泣き所などをどこかにぶつけたりすると、すぐさま「風流だね」なんて言う。誰を責めようもない自分の責任で生じた痛みは、そうして楽しむしかないということだろう。あるいは歯が痛い、というような他人に理解してもらえない苦痛も「風流」である。まあ「やせ我慢」とも云えるが、それも基本的なところでの安定があればこそ楽しめる感覚なのである。

いわば、「不足」や「苦痛」など、思うようにならないものを楽しむ余裕といってもいいだろう。

松江城主であり、また石州流茶道の創始者でもある松平不昧公は「足ることを知れば、茶をたてて不足こそ楽しみとなれ」と『贅言《むだごと》』に書いている。たしかにお茶の世界では、「不足」や「歪み」や「不完全さ」や「壊れやすさ」などが愛される。むろんそれも不昧公の言うように、「足ることを知れば」である。現状を全面肯定しようという意志があればこそそんな嗜好が可能になるのだろう。

千利休の名が「名利共に(頓に)休す」に由来するという説があることはまえに紹介したが、要するに権力や名誉、正統派などに対する無関心がお茶や禅の底流には流れており、それだからこそ「知足」による安心が得やすいとも云える。そしてそれが、「風流」を好む「**数寄者**《すきもの》」を生む背景でもあるのだろう。

しかしこの「無関心」というのは難しい。ムキになって憎むのも関心がある証拠だからである。

ちょっと違う話かもしれないが、他では使えそうもないような材木が茶室では使われ、歪《いびつ》な茶器が尊ばれたりするわけだが、本当はそうしたいかにも「不足」らしい美学からも解放されなくてはならない。望んで揃えた「不足」はすでに「不足」ではなく、場合によっては冷暖房完備の書院みたいな場所やゴージャスな道具が「不足」だったりするからである。

本当に望まない「不足」をも楽しめることこそ真の「風流」であり、それができる人が「曲者《くせもの》」と云えるだろう。

老子は「曲なれば即ち全し」と言うが、幹や枝の曲がった木が伐られずに寿命をマットウするように、曲者こそが人生を長く楽しめるのである。

**†プリコジンの「ゆらぎ」**

「一」を決めるからこその「ゆらぎ」、それはプリコジンの「散逸構造論」を憶いださせる。

一九七七年にノーベル化学賞を受賞したプリコジンは、熱力学の第二法則であるエントロピーの法則に異議を唱えた。エントロピーの法則とは、たとえば水に砂糖を入れた場合に砂糖の分子がどんどん均一に拡散し、やがて平衡状態に落ち着くように、新たなエネルギーが加わらない限りあらゆる物質は秩序から無秩序へと移行していく、換言すれば無秩序率が増大していくということだった。

しかしプリコジンは、わずかな確率ながら、自然現象のなかにはエントロピーの増大（無秩序率の拡大）に逆らって再結晶化（秩序化）する分子運動もあるのではないかと考えた。その可能性のことを、彼は「ゆらぎ」と呼んだのである。

考えてみれば、我々人間が生まれてから死ぬまでは完全にエントロピーの法則に従い、老化もその理屈で説明がつくが、受精から誕生までは秩序化すなわち負のエントロピーだといえるだろう。宇宙に新しい星が誕生するのも同じ原理である。

こうした「ゆらぎ」をはらんだシステムの構造が「散逸構造」というわけだが、この考え方の登場によって人間だけでなく自然界全体、あるいは宇宙そのものも秩序形成をつづけるシステムとして見ることが可能になったのである。

簡単に言ってしまうと、プリコジンのいう「ゆらぎ」とは「非平衡へと向かう力」だが、私はこれをこそ「風流」と呼びたいのである。つまり「どこで」「なにを」「どのように」するかが決まると誰でも安心して生きはじめるわけだが、同時にそれは平衡化、馴れへの道程でもある。

不慣れなことを楽しむことこそ「風流」ではないだろうか。そしてそれは、おそらくナムもタマもできないことだろう。ナムに音楽を聴けといったって無理だろうし、タマもたまには泳がないかと水に誘っても噛みつかれるのが落ちだ。

人間だからこそ、覚悟が決まると「ゆらぎ」も楽しめるのである。

### †これさえあればいい

白隠さんの『槐安国語』巻一に、「**山家《さんか》の富貴《ふうき》は銀千樹、漁夫の風流は玉一蓑《ぎょくいっさ》**」という言葉がある。山家とは山暮らしを決めこんだ樵《きこり》さん。その暮らす山が大雪で覆われ、「銀千樹」に見えるというのである。当然「銀千樹」というのは美しい光景として謳われている。樵という仕事をこの山ですることに覚悟が決まっており、しかもとりたてて世間的富貴も名誉も望んでいないから知足している。だからこうした「困った大雪」でもそうは思わず、美しさを愛でていられるのである。同様に、漁夫も毎日身につける蓑一つで稼ぐのだと覚悟し、その志が揺らがないからこそ、蓑には「玉」という美称が添えられる。その覚悟の上でなら、押し寄せるさまざまな風、つまり大漁でも一匹も釣れなくても、あるいは嵐や風雪であっても、それは風流として楽しめるというのだ。それにしても一匹も釣れない事態を「ボウズ」と呼ぶのはなぜだろう。誰か「ボウズ」に怨みをもった人が考えた言葉にちがいない。ともあれ「今日もボウズだった」としても、蓑を被って漁をすること以外に気持ちのブレない漁夫は、それでも風流と感じるというのである。

また似たような言葉で、**「山僧《さんぞう》の活計《かつけい》は茶三畝《ちゃさんぽ》、漁夫の生涯は竹一竿《ちくいつかん》」**というのもある。私の住む寺にもお茶の木が何本か残っており、昔はお寺で飲める段階まで作ったことが偲ばれるが、お茶というのはいわばお寺暮らしの必需品である。漁夫にとっての竹竿もいわば必需品と云えるだろう。現実の暮らしで「無一物」というのは無理だが、必要最低限なものさえあれば、あとはなんとでもやっていけるだろうという鷹揚な気分がこの詩からは漂う。これも「知足」を知って「不足」を楽しみ、また覚悟を決めて「ゆらぎ」を楽しむという禅的な暮らしのスケッチなのである。

### †人柄としての「風流」

ところで私の寺の初代の住職、つまり開山さまと呼ばれる人は「復庵宗己《ふくあんそうこ》禅師」という。この方は鎌倉時代に中国に渡って天目山に行き、中峰明本禅師の教えを永く受けたのだが、それはともかく、この復庵禅師のことを書いた文章のなかに次のような一節があった。

大光禅師の風流は殊勝なり

大光禅師というのは後光厳帝から復庵禅師への諡《おくりな》である。山梨県の塩山の向嶽寺開山である抜遂禅師の「行録《あんろく》」にこの文章はでてくるのだが、私はながいこと、この「風流」の使い方が気になって仕方なかった。

どう考えてもここでの風流は名詞だし、しかも「人となり」とか「人柄」という意味に読める。

ここに私は、人間の人柄を「ゆらぎ」のなかに見ようとする禅の立場を、端的に感じるのである。

先ほど私は、「どこで」「なにをして」「どのように」生きるかが定まれば、余裕をもって「ゆらぎ」を楽しめるのだと申しあげたが、この抜遂禅師ふうの「風流」を援用すれば、「ゆらぎ」とは外的な変化ばかりでなく、ときにはムシャクシャしたり腹が立ったり、泣いたり笑ったりすることも「ゆらぎ」すなわち「風流」と受けとれる。

人柄の「ゆらぎ」も風流なのだとすれば、当然それは六道をめぐる我々の心そのものがそのままで風流だということだろう。

なんということだろう。禅は煩悩・妄想に染まった自己から解脱すべく「お悟り」を目指していたのに、「お悟り」から現実に戻ってみると煩悩のままでいいというのだろうか。

いやいや、それは早計というものだろう。

最初の「ゆらぎ」と今の「ゆらぎ」は、ゆらぎの幅が違う。というより、「ゆらぎ」というのは、ほんの僅かな幅の動きのみをいう言葉だ。

鹿威しのあとに感じる静寂。そのように、こゆらぎもしない「志」と、腰のすわった生活・仕事。しかも名利にも八風にも揺れない習慣的自己があればこその、ほんの僅かな「ゆらぎ」のことを、私は申しあげているのである。それこそが風流ではないだろうか。

めったに笑わない人が笑うのも風流。めったに泣かない人が泣くのも風流。めったに怒らない人が怒るのも、転ばない人が転ぶのも、怒ったり転んだりした人自身が「風流」と思うべき事態なのである。

## †「絶対的一者」への回帰としての風流

禅の掛け軸ではよく「**不風流処也風流**」を見かける。白雲守端《はくうんしゅたん》禅師の句で、風流ならざる処もまた風流、というのだが、そうなると世の中に風流でないものはないことになる。

しかしこれまで申しあげたことを理解していただければ、この言葉も頷《うなず》けるのではないだろうか。

「不足」という事態、またその事態に対して苛立ったり悲しかったりする自分の変化も、風流と受けとめるわけだから、思うようにならない全ての事態が風流になる。

ところで、禅がそんなふうに思えるというのは一体どういうことだろうか。単にやせ我慢と思われてはいけないので、一言申しあげておきたい。

じつは、思うようにならない事態こそ、「**回光返照**」して「本来の面目」や「本分の田地」に戻る機会なのである。

つまり我々の現実生活は、どの一瞬をとってみても様々な、しかし特定の価値観に染められて過ぎてゆく。社会人としては当然のことだし、その価値観もあるいは好き嫌いも、精密であればあるほど役にたったりするわけだ。我々はそれを「方便」と自覚しながら社会生活を送るのだが、ともするとそれが「方便」だということをすぐに忘れる。だから思うようにならない事態に直面すると、自分の価値観を絶対視して本気で鬼のように怒るのである。

そのとき、ふと我にかえる、というより、我をも飛び越えて、あらゆる価値観から自由な「本分の田地」まで、ゆらぎながら一瞬に戻る、それこそが風流なのだと思う。

好き嫌いも価値判断も、つまりあらゆる先入観も、社会生活では有効である。まえに、禅は未来に対する批評的判断が苦手なのだと申しあげたが、我々は日常の暮らしでは、禅が「煩悩・妄想」と呼ぶヒト脳の機能をフル回転させて優れた判断をしつつ生きている。煩悩・妄想なしには一日とて暮らせないのである。

しかしどうしてもそれは差別の世界だから、比較して争いを産みだす。積み重なった思い込みは「でっちあげの我」として他人とぶつかり、傷ついたり傷つけたりする。

しかしそんなときでも、お互いに「乾坤只一人」のごく一部を、方便として演じているのだと意識するのである。あるいは「自他一如」の世界観でもいいし「柳は緑　花は紅」という発想だっていい。

怒っているときにそこに戻ろうなんて至難の業ではあるが、思い通りにならないことが起こったら「風流」だと意識する習慣を身につけるしかないのだと思う。だから足をぶつけても風流、歯が痛くても風流と、とりあえず呟いてみるのだ。

そういう意識の仕方を習慣化していくと、やがて一瞬に「ゆらぎ」が起こるようになるはずである。第二章で書いた「絶対的一者」すなわち「お悟り」状態の神経学的リアリティを、ここでもう一度書いてみよう。

「万物は隔てなく一つであり、空間の感覚も、時間の経過の感覚もない。自己とそれ以外の世界との間に境界はない。そもそも、主観的な自己というものがなく、絶対的な合一の感覚だけがある。思想もなく、言葉もなく、感覚もない。心に自我はなく、純粋な、未分化の気づきとして存在している」

そうなのだ。今の自分の現実が方便だと意識した際に起こる「ゆらぎ」とは、この「お悟り」体験への回帰を促す心の自然な動きなのではないだろうか。

そしてそれによって人は、意に添わない出来事も「風流」として受け容れることができるのだと思う。

「お悟り」がある種の秩序なのか、それとも徹底的な無秩序なのか、それは判らない。もしも幾つもの秩序があり得るのだとすれば、秩序どうしも争うことになるだろうから秩序だって方便ということになる。だからプリコジンのいう「ゆらぎ」が本当に「風流」と重なるのかどうかは、私だって自信がないのである。

しかし宇宙を、「ゆらぎ」という非平衡状態を孕《はら》みつつ新たな秩序化という自己組織化を行いつづけていると見る見方は、当然のこととして人間にも適用できるだろうと思う。人間が晩年になるほど魅力的になるという禅の考え方も、じつはこの「散逸構造論」と通底しているのである。

歳をとればとるほど頑固に堅くなるのを正のエントロピー（無秩序化）と考え、「ゆらぎ」によって「絶対的一者」に還り、そのたびに柔軟で慈悲深くなるのを秩序化と考えれば、人間という生き物も間違いなく「散逸構造」をしているということになる。勝手な想像だが、加齢とともに減りつづけるニューロンネットワークも、たとえば風流ならざる処に風流を感じるような一瞬に「ゆらぎ」、ネットワークが組み替えられたりその数が増えたりしてるんじゃないだろうか。脳も一つの宇宙と見れば、そんなことも充分あり得そうな気がする。

ともあれ風流を感じる感性こそ、宇宙と同じ散逸構造を証明する人間ならではの能力なのである。

## †誰もが認める「風流」も楽しむ

道元禅師の詠んだ歌に次のようなものがある。

**春は花夏ほととぎす秋は月冬雪冴えて冷《すず》しかりけり**

ここでは師匠である如浄ともども愛した梅の花を初め、四季折々の風物が、万感の思いを込められながらしかもサラリと謳われている。簡単に言えば「花鳥風月」、つまり誰もが風流と思う情景が、淡々と並べられているにすぎない。心が無一物である道元禅師がそこに「諸法実相」を看取っているにせよ、その情景じたいは世間的「風流」と重なっているのである。

だとすれば、禅的な意味ではそれらは「風流」でもなんでもなかろうということになるかもしれない。

しかし我々は普段無一物なんかでは暮らしていないから、そうした風物に触れて初めて本来の無心へとゆらぐ。だからそうした典型的な風物も、やはり風流なのである。

みんなが「風流」と感じることにも風流を感じる、というのもとても大切なことだと思う。なにより風流ならざる処「もまた」風流なのであり、不風流な処だけが風流だと云っているわけではない。

めったに起こらない困難や苦痛ばかりを「風流」だと思い込んでは偏屈である。なによりそうした固定観念こそが「ゆらぎ」とは対極のものだからである。

「ゆらぎ」とは、別な言い方をすれば「共振」である。対象や相手との共振によって、本来もっている慈悲や智慧がちょろちょろと滲みでてくる現象ではないだろうか。

そうだとすれば、あらゆる出逢いが「ゆらぎ」を招く「風流」であるべきだということだろう。お茶でいう「**体用露地**《たいゆうろじ》」も、本来はそうした「ゆらぎ」も含みこんで一挙手一投足の応対に仏性が現前するというのだから、あまり自信満々でゆらがないのは問題である。

相手のことを真剣に想いやると、人はゆらぐ。変な話だが、私はだからお医者さんでも整体師でも鍼灸師でも、あまり自信満々な人には診てもらいたくない。彼や彼女が診ているのは、私という実存ではなく、四十七歳の男性で酒も飲みタバコも吸うこんな顔色の人という一般化した統計的虚像に他ならない。だからこそ詳しい問診もしないで自信満々になれるのである。

おなじ理由で、あまりにも多くの人々に昔から「風流」だと言われているからといって、花や月やほととぎすや雪に「風流」を感じられないとしたら、それは極めて不自由なことだろう。自信ではないが、ある種の固定観念のせいでそのもの自体が見えていないのだろう。「もったい（物体）ない」というのは本来そういう事態を云うのである。

まずはその固定観念をゆらがせることで風は流れはじめる。そうしてあらゆる固定観念や先入観をぐらぐらとゆらがせることで、「風流ならざる処もまた風流」はじわりじわりと実現していくのである。

**†ナムやタマへの「ゆらぎ」**

原稿を書き終えて階下へおりていくと、ナムは散歩をせがむ目つきで私を見上げ、タマは縁側で体を丸くしてまどろんでいた。私はタマの後頭部から背中までひと撫でしてから雪駄を履き、ナムの鎖を黄色いヒモにかえて散歩に出た。

待ちかまえていたナムは嬉しそうに走りだしたが、すぐに忙しく匂いを嗅ぎ、片脚あげてのマーキングに余念がなくなる。

おい、ナム、もうちょっと視野を広くもったらどうなの？　まあ「志」なんて無理だろうけど、せめて十メートル先あたりを見据えて、堂々と歩けないのかねえ。

私はそんなことを思いながら墓地のあちこちをせわしなく歩きまわるナムに従いて歩き、お墓にあがった饅頭を食べようとしてくわえたがビニールが剝けなくて悪戦苦闘しているナムを眺めながら、つくづく人間に生まれた幸せを感じていたのである。梅雨の合間の晴れた夕暮れだったが、夕焼けに照らされたザクロの花が言いようもなく美しく、これも人間にしか感じられない美しさなんだろうなあと優越感にひたり、また原稿を書き上げた気分も相俟《あいま》って、ほとんど感動さえしてしまったのである。

池の端に戻るとまた鎖にかえ、ステンレスの食器を池で洗ってから味噌汁かけご飯を与えた。するとタマがちょっかいをだそうとしてナムに吠えられ、すごすごと、いや、なんだか確信犯めいた軽い足どりで台所の自分の食器のほうへ行ってしまった。

夕焼けがまだ終わらないうちに、東の竹藪の上に大きな月が出た。私は池の端の縁側に腰掛けて、その蒼白い月を眺めた。

ふと気づくと、食事を終えたナムが自足した顔で月を見上げているではないか。

あら、タマまで私の横に正座（前肢を伸ばした坐り方）して、そのうちペロペロ体を舐めるのが済むと、月のほうを見ている……。

まさかこいつら、風流がわかるんじゃないだろうな……。まるで最後の砦に敵を発見したような驚きと不安とを、私は感じていた。

それからどれほどの時間、我々はそうして月を見上げていただろう。

やがて私は、こうしてナムやタマの心を勝手に推測して共感したり共振したりゆらいだりしてしまう自分の心こそ、いつか「お悟り」をひらく可能性そのものなのだと確信するに至った。

明るい気分になってナムとタマに振り向くと、ナムはすでに小屋に入ってしまっており、タマの姿も見当たらなかった。

月は皎々《こうこう》と輝き、私は独り風流を味わいつつ坐禅したのだった。

# あとがき

『禅的生活』というタイトルは、当初からちくま新書編集部の磯知七美さんが提案してくださったものだった。私が深く頷かないものだから、その後幾つか別なタイトルも提案され、また自分でも考えたが、結局は最初の提案どおり落ち着くことになった。

書き進むにしたがってこのタイトルに馴染んでいき、やがてこれこそ書きたかったものだと思うようになった。なにより「生活」という視点で本書を貫けたことに、とても喜びを感じている。また磯さんには、脳に関する描写でずいぶん助言をいただいたことも付記し、お礼申しあげたい。

今回の新書は、またしても友人である学僧の皆さんに校閲をお願いした。巻末の索引など、彼らのご指導なしには完成できなかったはずである。野口善敬氏、徳重寛道氏、朝山一玄氏、並木優記氏、松下宗柏氏、矢多弘範氏に深甚なる謝意を捧げたい。

学問的な助言は勿論だが、同じ研究会で接する彼らの「禅的生活」そのものに学ぶことも多い。

先日も研究会に出かけた折、私は間違って野口さんの雪駄を履いて帰ってきてしまった。名前が書いてあったので翌日気づいて深くお詫びし、宅配便で送りましょうかと訊いたのだが、野口さんからの返事は次のようなメイルだった。

「雪駄の件、安物ですし、送料がもったいないので、よかったら掃除の時にでもお使い下さい。実は、帰る段になって雪駄がないことに気づき、『どこのアホが間違えたのかな』と探しておりましたが、時間もなかったので並木さんが門前で買ってきてくれた新品を履いて帰りました。買い置きもたくさんありますし、心配なさらないで下さい。」

犯人である「アホ」の私が言うのも変だが、メイルの書き手である野口さんは勿論、新品を買ってきてあげた並木さんも、なんと「風流」で素敵な人々だろうと思う。彼らにとっては私の単純な落ち度さえ、「慈悲」が発現する風流な場になってしまうようだ。

禅的な生活が世間的に模範の生活だなんて全く思っちゃいない。私のズボラさは雪駄事件一つで充分ご理解いただけるだろう。

しかし大事なのは、おそらくズボラなアホを包み込んで余りある彼らの風流な心ではないだろうか。それが禅的な生活から生まれたものだと、私は信じているのである。

ところで「ズボラ」という言葉、じつは「坊主」を逆さまにした「主坊」の複数形だって、ご存じだろうか。つまり坊主にあるまじき人々という意味なのである。その意味で私がズボラかどうかは、読者の判断を仰ぐしかない。

ともあれ本書は、禅が風流に辿りつくまでの旅の記録かもしれない。有意義な旅をさせてくださった筑摩書房にあらためて感謝したい。

この本を手にとってくださった皆さんが、少しでも安らかな気分になってくださることを祈りつつ。

二〇〇三年、秋彼岸まえ　　玄侑宗久　拝

# ❖禅語索引

本文中の禅語を白文で掲げ、冒頭文字の一般的な音読みで五十音順に配列した。

同音の場合、画数の少ないものを優先する。

（ ）内は禅語としての読み、〈 〉内は読み下し、数字は本文ページ数を示す。本文中太字で表わした禅語については、そのページ数も太字で示している。

出典として代表的な文献名を挙げた。なお、そのままの形での所載はないが明らかにその文献が出処と思われる場合には、文献名の後に「より」を付した。また特定が困難である語や汎用されている語については出典を明記していない。

## 【あ行】

安心立命（あんじんりゅうみょう）『天目高峰禅師示衆』 192 **204** 205 206
以心伝心（いしんでんしん）『六祖壇経』『禅源諸詮集都序』 **80**
以無住為本〈無住を以て本となす〉『維摩経』 147
一円相（いちえんそう）『碧巌録』 **37** **77** 90 165
一期一会（いちごいちえ）『山上宗二記』 **65** 183
一切唯心造（いっさいゆいしんぞう）新訳『華厳経』 **17** **19** 28
一日不作一日不食〈一日作さざれば一日食らわず〉『五燈会元』 155
一物不将来（いちもつふしょうらい）〈一物も将ち来らず〉『趙州録』『五燈会元』『従容録』 **100** 124 125
因果一如（いんがいちにょ）『白隠禅師坐禅和讃』 133 138 155 175 198
運水搬柴（うんすいはんさい）『龐居士語録』 153
雲無心出岫〈雲無心にして岫を出づ〉「陶淵明詩」 127

鋭利休歇（えいりきゅうけつ） 141
往相・還相（おうそう・げんそう）『往生論註』 126 127 193
応無所住而生其心（おうむしょじゅうにしょうごしん）〈応に住する所無くして其の心を生ずべし〉『金剛般若経』 51 66 147

## 【か行】

回光返照（えこうへんしょう）『臨済録』 181 185 192 214
戒体（かいたい） 159 161 162 170
鶴脚長亀脚短〈鶴の脚は長く、亀の脚は短し〉 195
廓然無聖（かくねんむしょう）『碧巌録』 42 47 49 50 77 94 99 140
乾坤只一人（けんこんただいちにん）『五燈会元』 171 196 215
乾屎橛（かんしけつ）『無門関』 98
閑古錐（かんこすい）『圜悟禅師語録』『毒語心経』 142 186
眼横鼻直（げんのうびちょく）『密菴語録』、白雲守端『古尊宿語録』、『永平広録』 84
求心歇処即無事（ぐしんやむところすなわちぶじ）『臨済録』 78
掬水月在手　弄花香満衣〈水を掬すれば月手に在り、花を弄すれば香衣に満つ〉『全唐詩』 188
虚心（きょしん） 112
教外別伝（きょうげべつでん）『五燈会元』 36 80
金屑雖貴入眼成翳〈金屑貴しと雖も、眼に入れば翳となる〉『臨済録』 96
銀盌裏盛雪　明月蔵鷺〈銀盌裏に雪を盛り、明月に鷺を蔵す〉『宝鏡三昧』 194
空即是色（くうそくぜしき）『般若心経』 103 193

空亦復空（くうやくぶくう）『大智度論』126
君子豹変（くんしひょうへん）『易経』151
渓声便是広長舌 山色豈非清浄身〈渓声便ち是れ広長舌、山色豈清浄身にあらざらんや〉『蘇東坡集』92
月在青天水在瓶〈月は青天に在り、水は瓶に在り〉『槐安国語』84
見性成仏（けんしょうじょうぶつ）『伝心法要』『碧巌録』『従容録』ほか 101
言語道断（ごんごどうだん）『大智度論』50
己事究明（こじきゅうめい）『雲門広録』より 185
古松談般若〈古松般若を談ず〉『人天眼目』188
古松談般若 幽鳥弄真如〈古松般若を談じ、幽鳥真如を弄す〉『人天眼目』137
壺中日月長（こちゅうじつげつながし）『圜悟禅師語録』55
行雲流水（こううんりゅうすい）『普勧坐禅儀』178
好事不如無〈好事も無きに如かず〉『五燈会元』『碧巌録』59 78

## 【さ行】

差別（しゃべつ）193 194 195 196 215
坐水月道場 修空華万行〈水月の道場に坐し、空華の万行を修す〉『御選語録』151 152
山家富貴銀千樹 漁夫風流玉一蓑〈山家の富貴は銀千樹、漁夫の風流は玉一蓑〉『槐安国語』210
山僧活計茶三畝 漁夫生涯竹一竿〈山僧の活計は茶三畝、漁夫の生涯は竹一竿〉『高僧伝』211
山中無暦日〈山中に暦日無し〉『唐詩選』59
志（こころざし）162 166 170 180 185 196 197 199 200 201 202 206 210 213 220
只管打坐（しかんたざ）『正法眼蔵』ほか 115

四無量心（しむりょうしん）『大智度論』ほか　162 163 170
至人（しじん）『荘子』　79
至道無難　唯嫌揀択（しどうぶなん　ゆいけんけんじゃく）〈至道は難きこと無し唯だ揀択を嫌うのみ〉
　『信心銘』　27
自性清浄心（じしょうしょうじょうしん）『大乗起信論』　21 112
自燈明　法燈明（じとうみょう　ほうとうみょう）パーリ『涅槃経』より　96
自然法爾（じねんほうに）『自然法爾章』　85
悉有仏性（しつうぶっしょう）大乗『涅槃経』　105
実相無相（じっそうむそう）『大智度論』『五燈会元』『景徳伝燈録』　78
寂（じゃく）　142
寂滅現前（じゃくめつげんぜん）『首楞厳経』ほか　23
守一無適（しゅいつむてき）『不能語五位説』ほか　78
主人公（しゅじんこう）『景徳伝燈録』『碧巌録』『無門関』　22 36 65 79 139 140
純一無雑（じゅんいつむぞう）『馬祖語録』ほか　77
春有百花秋有月　夏有涼風冬有雪　若無閑事挂心頭　便是人間好時節（春に百花あり、秋に月あり、夏に涼風あり、冬に雪あり　若し閑事の心頭に挂る無くんば　便ち是れ人間の好時節）『無門関』　92
生而不有〈生じて有せず〉『老子』　67
照顧脚下（しょうこきゃっか）『拈八方珠玉集』『徹心録』　153
松樹千年翠〈松樹千年の翠〉『天聖広燈録』　202
松老雲閑（まつおいくもしずか）『臨済録』序　188
色即是空（しきそくぜくう）『般若心経』　103 193

心外無別法〈心外に別法無し〉源信『自行略記』、『華厳経』より　28
心外無法（しんげむほう）『伝心法要』『臨済録』『碧巌録』　28　118
心随万境転　転処実能幽〈心は万境に随って転ず、転ずる処実に能く幽なり〉『景徳伝燈録』　148
真君（しんくん）『荘子』　79
真如（しんにょ）　22　36　77　112　137
真人（しんにん）『荘子』『臨済録』　79
身心脱落（しんじんだつらく）『正法眼蔵』　22
神人（しんじん）『荘子』　79
人間到処有青山〈人間、到る処青山あり〉釈月性「題壁」　138
人牛倶忘（にんぎゅうぐぼう）『十牛図』　90　91
誰家無明月清風〈誰が家にか明月清風なからん〉『碧巌録』　105
随所作主立処皆真〈随所に主と作れば立処皆真なり〉『臨済録』　139　148
数寄者（すきもの）　207
是法平等無有高下（ぜほうびょうどうむうこうげ）〈是の法は平等にして高下有ること無し〉『金剛般若経』　194
聖朝無棄物〈聖朝に棄物なし〉「宋詩」　85
隻手音声（せきしゅのおんじょう）白隠禅師『藪柑子』　74　80
説似一物即不中（せつじいちもつそくふちゅう）『六祖壇経』　50
絶学無位閑道人（ぜつがくむいのかんどうじん）『証道歌』　79
絶対矛盾的自己同一（ぜったいむじゅんてきじこどういつ）西田幾多郎「絶対矛盾的自己同一」　75　101　111
漸悟禅（ぜんごぜん）『禅源諸詮集都序』より　158

即今目前聴法底（そっこん もくぜん ちょうほうてい）『臨済録』 137 189
即心即仏（そくしんそくぶつ）『馬祖語録』『無門関』『心王銘』 95

**【た行】**

太虚（たいこ）『老子』 37 77
体用露地（たいゆうろじ）『茶禅同一味』 142 219
体露金風（たいろきんぷう）『碧巌録』 93
大愚（たいぐ） 65 68
大死一番絶後再甦〈大死一番絶後に再び甦る〉『碧巌録』 23
大死大活（だいしだいかつ）『御選語録』 23
大道通長安〈大道長安に通ず〉『趙州録』 66
脱落身心（だつらくしんじん）『正法眼蔵』 22
知足（ちそく）〈足るを知る〉『老子』 170 184 185 186 190 202 203 207 210 211
知命（ちめい）〈命を知る〉『論語』 198
竹影掃階塵不動 月穿潭底水無痕〈竹影階を掃って塵動ぜず、月潭底を穿って水に痕無し〉『密菴語録』『五燈会元』 152
茶禅同一味（ちゃぜんどういつみ）『茶禅同一味』 142
沖虚（ちゅうきょ）『老子』 77
趙州無字（じょうしゅうのむじ）『無門関』より 72
澄然無事（ちょうねんぶじ）『二程全書』 78
直指人心（じきしにんしん）『伝心法要』 80

直心（じきしん）『維摩経』 36 77
庭前柏樹子〈庭前の柏樹子〉『趙州録』 99
天上天下唯我独尊（てんじょうてんげゆいがどくそん）『大唐西域記』ほか 171
韜光（とうこう）『老子』 153
道（どう）『老子』 77 112
道在爾〈道は爾きにあり〉『孟子』 167
同行（どうぎょう） 94
動中工夫勝静中百千億倍〈道中の工夫、静中に勝ること百千億倍〉 153
頓悟禅（とんごぜん）『禅源諸詮集都序』より 158 159
頓悟漸修（とんごぜんしゅう）『禅源諸詮集都序』より 163

【な行】

南山起雲北山下雨〈南山に雲起こり、北山に雨下る〉『碧巌録』 136
南枝暖北枝寒〈南枝は暖く、北枝は寒し〉『槐安国語』 195
日日是好日（にちにちこれこうにち）『雲門広録』『碧巌録』 130 131 137 183 189 196
入鄽垂手（にってんすいしゅ）『十牛図』 91 150
如是（にょぜ）『金剛般若経』ほか 77 85
如如（にょにょ） 85
涅槃（ねはん） 112
涅槃妙心（ねはんみょうしん）『五燈会元』『景徳伝燈録』 78
拈華微笑（ねんげみしょう）『無門関』 80

【は行】

把手共行（はしゅこうぎょう）〈手を把り共に行く〉『無門関』 94
白雲自去来（はくうんおのずからきょらいす）『五燈会元』 127
白雲自白雲（はくうんおのずからはくうん）『景徳伝燈録』 127
白露地（びゃくろじ）『茶禅同一味』 78 142
莫妄想（まくもうぞう）『五燈会元』 23
八風吹不動〈八風吹けども動ぜず〉『天聖広燈録』『寒山詩』 201
万物斉同（ばんぶつせいどう）『荘子』 111
万法帰一（ばんぽうきいつ）〈万法一に帰す〉『碧巌録』『趙州録』 66
万里一条鉄（ばんりいちじょうのてつ）『人天眼目』 77
万里無片雲〈万里片雲無し〉『景徳伝燈録』 77
非心非仏（ひしんひぶつ）『無門関』『馬祖語録』 95
悲体戒〈悲体の戒〉『観音経』 159
百不知百不会（ひゃくふちひゃくふえ）『圜悟禅師語録』 65
百尺竿頭進一歩〈百尺竿頭に一歩を進む〉『無門関』 172 178
賓主互換（ひんじゅごかん）『碧巌録』 143
賓主歴然（ひんじゅれきねん）『臨済録』 143
風吹不動天辺月　雪圧難摧磵底松〈風吹けども動ぜず天辺の月、雪圧せども摧け難し磵底の松〉『普燈録』 201 202
不生不滅（ふしょうふめつ）『般若心経』 37

不動心（ふどうしん）『孟子』 148
不二（ふに／ふじ）『維摩経』 75 77 82 111 126 193
不風流処也風流〈風流ならざる処もまた風流〉『碧巌録』 205 214 219 220
不昧因果（ふまいいんが）〈因果を味まさず〉『無門関』 135 136 155
不落因果（ふらくいんが）〈因果に落ちず〉『無門関』 133 134 135 137 138 155
不立文字（ふりゅうもんじ）『五燈会元』『少室六門』 36 50 80 180
父母未生以前本来面目（ぶもみしょういぜんのほんらいのめんもく）『禅関策進』 74 75 77
仏心（ぶっしん）『観無量寿経』『楞伽師資記』ほか 22 36 77 80 112
仏性（ぶっしょう） 大乗『涅槃経』ほか 22 23 36 72 73 77 81 95 99 101 105 112 127 201 219
平常心是道（びょうじょうしんこれどう）『馬祖語録』 150 164
平等（びょうどう） 193 194 195 196
別是一壺天（べつにこれいっこのてん）『五燈会元』 55
遍界不曾蔵（へんかいかつてかくさず）『五燈会元』 85
返本還源（へんぽんげんげん）『十牛図』 90 91 92 150
歩歩起清風〈歩歩清風起こる〉『槐安国語』 151
歩歩是道場（ほほこれどうじょう）『趙州録』 181
方便（ほうべん） 88 89 124 126 127 140 182 194 195 196 197 200 204 206 215 216 217
法性（ほっしょう） 22 36 77 101 112
放下著（ほうげじゃく）『五家正宗賛』 124
逢仏殺仏〈仏に逢っては仏を殺す〉『臨済録』 94
没蹤跡（もっしょうせき）『五燈会元』『中峰広録』 151

本地風光（ほんちのふうこう）『碧巌録』　22　36　77　112
本分（ほんぶん）　89　112　126　127　140　142
本来無一物（ほんらいむいちもつ）『六祖壇経』　158
本来面目（ほんらいのめんもく）『六祖壇経』　22　36　77　112　126　192　214
梵我一如（ぼんがいちにょ）『チャーンドーギヤ‐ウパニシャッド』ほか　112


【ま行】

麻三斤（まさんぎん）『無門関』『碧巌録』　98
妙用（みょうゆう）　126　127　140　141　142
無位真人（むいのしんにん）『臨済録』　22　36　38　39　40　79　102　139　140　192
無依道人（むえのどうにん）『臨済録』　79
無依無住（むえむじゅう）『伝心法要』　78
無一物中無尽蔵　有花有月有楼台〈無一物中無尽蔵、花有り月有り楼台有り〉「蘇東坡詩」　85
無可無不可〈可もなく不可もなし〉『論語』　12　13　15　40　173
無学（むがく）　65
無事（ぶじ）『臨済録』　78　141　188
無事是貴人（ぶじこれきにん）『臨済録』　79
無心（むしん）　22　36　74　77　112　126　148　158　161
無賓主（むひんじゅ）『景徳伝燈録』　143
無分別（むふんべつ）　65　75
無縫（むほう）『景徳伝燈録』『碧巌録』ほか　77

無文（むもん） 65
無漏路（むろじ）『一休咄』 77
明・暗（みょう・あん） 127
明鏡止水（めいきょうしすい）『淮南子』ほかより 21
明珠在掌〈明珠は掌に在り〉『碧巌録』 105
明頭来明頭打 暗頭来暗頭打（みょうとうらいみょうとうだ あんとうらいあんとうだ）『臨済録』 127
明歴歴 露堂堂（めいれきれき ろどうどう）『五燈会元』 85
名利共休（みょうりともにきゅうす） 141 207
妄想（もうぞう） 23 24 26 29 37 38 50 51 58 60 63 64 69 84 85 86 92 113 114 116 119 121 125 158 164 165 180 198 201 213 215

【や行】
野狐禅（やこぜん）『永平広録』 136
遊戯三昧（ゆげざんまい）『無門関』 134
勇猛心（ゆみょうしん）『禅関策進』ほか 173

【ら行】
利他行（りたぎょう） 150 172
柳緑花紅真面目〈柳は緑 花は紅 真面目〉『東坡禅喜集』 72 83 84 92 215
両頭共坐断 八面起清風〈両頭共に坐断して八面清風起こる〉『五燈会元続略』 101
両頭坐断〈両頭坐断す〉『五燈会元続略』 101
両忘（りょうぼう）『荘子』 101

臨機応変（りんきおうへん）　13 95 151
霊覚性（れいかくしょう）『伝心法要』　36
冷暖自知（れいだんじち／れいなんじち）『六祖壇経』『景徳伝燈録』　81
老倒疎慵無事日　安眠高臥対青山〈老倒疎慵無事の日、安眠高臥青山に対す〉『五燈会元』　188
六不収（りっぷしゅう）『碧巌録』　31 35 38

**【わ行】**

和敬清寂（わけいせいじゃく）『茶祖伝』序文より　78
和光同塵（わこうどうじん）『老子』　152 154

**【その他】**

お陰様　136
仏の御命『正法眼蔵』　39 40
無分別の分別　鈴木大拙『禅の思想』ほか　75
よしあしと葉を折り敷いて夕涼み『禅林世語集』　101
学道の者、先づ須らく貧なるべし『正法眼蔵随聞記』　198
春は花夏ほととぎす秋は月冬雪冴えて冷しかりけり『傘松道詠集』　218
水鳥の行くも帰るも跡絶えて　されども道は忘れざりけり『傘松道詠集』　166
峰の色谷の響きもみなながら　わが釈迦牟尼の声と姿と『傘松道詠集』　93
災難に逢ふ時節には災難に逢ふがよく候。死ぬ時節には死ぬがよく候。是ハこれ災難をのがるる妙法にて候『良寛全集』　138

章扉一円相揮毫・臨済宗天龍寺派管長　平田精耕老師

ちくま新書

445


禅的生活《ぜんてきせいかつ》

二〇〇三年一二月一〇日　第一刷発行
二〇〇三年一二月二五日　第三刷発行

著　者　玄侑宗久（げんゆう・そうきゅう）

発行者　菊池明郎

発行所　株式会社筑摩書房
東京都台東区蔵前二-五-三　郵便番号一一一-八七五五
振替〇〇一六〇-八-四一二三

装幀者　間村俊一

印刷・製本　株式会社精興社

ちくま新書の定価はカバーに表示してあります。
ご注文・お問い合わせ、落丁本・乱丁本の交換は左記宛へ。
さいたま市北区櫛引町二-六〇四　筑摩書房サービスセンター
郵便番号三三一-八五〇七
電話〇四八-六五一-〇〇五三



ISBN4-480-06145-2 C0215